Noël 88

pour Vérina

♡ Anne Françoise

Méditation et action

Du même auteur

dans la même collection

Pratique de la voie tibétaine
Au-delà du matérialisme spirituel
Seuil, coll. « Points Sagesses », 1976

Le mythe de la liberté et la voie de la méditation
Seuil, coll. « Points Sagesses », 1979

Chögyam Trungpa

Méditation et action

Causeries au Centre tibétain
Samyê-Ling

TRADUCTION PAR ARMEL GUERNE

Fayard

EN COUVERTURE : Futur Bouddha Maïtreya
bronze du Tibet (XVIIIe siècle environ)
Musée Guimet, Paris. © Archives Snark

L'édition originale anglaise a été publiée à Londres
par Stuart et Watkins en 1969

ISBN : 2-02-006035-3, pour la présente édition

Note des éditeurs

Sous la direction du vénérable Trungpa Rinpoche a été fondé, en été 1967, le Centre Tibétain Samyê-Ling en Écosse où il a donné de nombreuses causeries sur divers aspects de l'enseignement fondamental du bouddhisme. La plupart de ces exposés ayant été enregistrés, nous en publions aujourd'hui un choix susceptible d'apporter une aide à ceux qu'attire la voie de la méditation.

Qui peut veiller sur son mental sans distraction
N'a nul besoin d'entendre ou de dire des mots ;
Ni de rester assis, figé comme un cadavre,
Celui qui peut s'absorber en concentration.
Si l'on connaît, de toutes formes, la nature,
Les huit terrestres appétits s'en vont d'eux-mêmes ;
Et quel besoin de paraître ou de se vanter
Si l'on n'a, dans son cœur, ni haine ni désir ?
Le grand éveil de la conscience de Bodhi
Qui laisse loin et Samsâra et Nirvâna,
Ne s'accomplit jamais par recherche ou envie.

(Extrait du *Chant de Milarépa*
pour Bodhi-dharma du Népal.)

1

La vie et l'exemple de Bouddha

C'est par une chaude et lumineuse journée d'été, et les épaisses branches des arbres çâlas brillent de fleurs et ploient sous le poids de leurs fruits. La contrée est rocailleuse et sauvage, avec des grottes en grand nombre, et la ville la plus proche est à quelque cent cinquante kilomètres de là. Dans certaines grottes on peut voir des yogins aux longs cheveux nattés, vêtus d'une seule et mince étoffe de coton blanc. D'aucuns, assis sur des peaux de daim, sont en méditation. D'autres accomplissent divers exercices de yoga comme la méditation en position assise au milieu d'un feu de camp, une pratique bien connue de l'ascète. D'autres encore récitent des mantras ou des chants de dévotion. Ces lieux baignent dans une atmosphère de paix, de silence et de solitude, mais non sans avoir aussi quelque chose d'assez impressionnant. On dirait que rien n'y a changé depuis avant la création du monde. C'est le silence et le calme d'une immobilité complète. Pas même un seul oiseau qui chante. Pas un pêcheur non plus sur le cours d'eau grandiose qui passe là, tout près. Une rivière, mais d'une telle ampleur qu'elle a bien dix kilomètres de large. C'est sur son bord que les ascètes pratiquent les rites sacrés de la purification. On les voit se baigner et méditer dans les eaux.

Telle était la scène voici deux mille cinq cents ans en un certain endroit nommé Naïranjâna, en Inde, dans la province du Béhar. Et là, un prince du nom de Siddhârta arrive. Il a l'air aristocratique et vient tout juste d'abandonner ses ornements royaux, sa couronne, ses boucles d'oreille et ses autres bijoux ; il se sent presque nu. Il vient à peine de renvoyer son cheval et son dernier serviteur, et il porte à présent comme vêtement une simple robe de coton blanc lavé. En regardant autour de lui, il cherche à imiter les autres ascètes. Il désire suivre leur exemple, et il s'approche de l'un d'entre eux, lui demandant de l'instruire dans la pratique de la méditation. Il lui explique d'abord qu'il est un prince et qu'il a trouvé que la vie au palais n'avait aucun sens. Naissance et mort, maladie et vieillesse, voilà ce qu'il a vu ; et puis aussi un sage qui marchait dans la rue, et c'est là ce qui l'a inspiré. Tel est l'exemple et telle est la façon de vivre qu'il voudrait suivre. Mais tout cela est nouveau pour lui et il reste d'abord incapable d'admettre que cela lui soit réellement arrivé. Il ne peut oublier le luxe et les plaisirs, toutes les délices dont il jouissait au palais et qui continuent à lui tourner dans l'esprit. Ce prince Siddhârtha, c'était le futur Bouddha.

L'instruction lui fut alors donnée, peut-être un peu malgré lui, par son maître du moment, son guru. Il reçut la formation ascétique d'un rishi et apprit à s'asseoir jambes croisées ainsi que l'utilisation des sept postures du yoga et le contrôle de la respiration par la pratique des exercices yoguiques. Au commencement, c'était si neuf pour lui que c'était presque comme un jeu. Il éprouvait aussi le sentiment heureux d'une réussite en ayant, pour finir, trouvé moyen de s'éloigner de ses biens terrestres pour suivre cette voie admirable et mener ce genre d'existence. Certes le souvenir de ses parents, celui de son épouse et de leur enfant restaient toujours vivants dans son cœur et dans son esprit, ce qui n'allait pas sans troubler sa pratique du yoga ; mais il n'y avait apparemment pas moyen de contrôler le sentiment. Et les yogins ne lui avaient pas dit autre chose que de suivre les pratiques ascétiques.

C'est là ce que fut à l'époque l'expérience de Bouddha, il y a quelque deux mille cinq cents ans à ce jour. Mais aujourd'hui encore, oui, même maintenant on retrouverait un paysage fort semblable et l'on aurait des expériences fort analogues si l'on se décidait à quitter son chez soi, à renoncer au confort, oubliant ses bains chauds et froids, sa cuisine bourgeoise, le luxe de l'auto pour ses déplacements et même les transports en commun, qui sont toujours un grand luxe... Quelques-uns parmi nous pourraient prendre l'avion et ne mettre que quelques heures pour arriver là-bas, et se retrouver au cœur de l'Inde avant même de savoir où ils sont. D'autres, plus aventureux, pourraient improviser leur voyage étape par étape, mais n'en éprouveraient pas moins le même sentiment d'irréalité tant le voyage se ferait passionnant, le dépaysement constant et l'intérêt renouvelé de bout en bout sans un instant de défaillance. Et pour finir, donc, nous voici en Inde. C'est peut-être un peu décevant au premier abord. La modernisation est assez sensible, et aussi le snobisme, dans la haute société des Hindous cultivés qui s'appliquent toujours à imiter le style britannique. Cela peut être assez exaspérant au premier contact, en effet ; mais on finit par s'y faire plus ou moins, et l'on n'en a que plus de hâte à quitter la ville pour le pays sauvage et la grande forêt, les solitudes où l'on rejoindra soit un ashram indien, soit quelque monastère tibétain. Ce faisant, nous pouvons suivre l'exemple même du prince Siddhârta et connaître plus ou moins la même expérience. La première chose qui nous frappera en sera l'aspect ascétique, ou pour mieux dire l'absence de luxe, extérieurement parlant. Mais de ces premiers jours ou de ces premiers mois d'expérience, allons-nous apprendre quelque chose ? Sans doute a-t-on le désir de tirer quelque chose de ce genre de vie et voudrait-on en connaître mieux la voie ; mais sans doute aussi, parce qu'on n'a encore jamais vu de pays semblable, sera-t-on plus porté à la curiosité et plein d'enthousiasme. On a tendance à tout interpréter et notre dialogue intérieur se poursuit et nous occupe l'esprit alors que nous luttons pour faire tomber la barrière du langage et de la communication. Le fait est qu'on vit toujours dans son propre monde, bien plus que dans le monde nouveau où nous sommes entrés, exactement comme cela s'était passé pour Bouddha, car il faut des mois pour que s'effacent le sentiment et l'excitation de cette vie étrange dans un pays inconnu et si différent. On est passionné, on est sous le charme, on est comme possédé par ce pays ainsi qu'en témoignent les lettres qu'on aime à écrire chez soi : le pittoresque et l'étrangeté de tout ce qu'on voit, de tout ce qu'on découvre, c'est une ivresse d'enthousiasme et une excitation incessante qu'ils entretiennent. C'est ainsi que si l'on s'en revenait chez soi au bout de quelques jours ou de quelques semaines, on n'aurait assurément pas appris grand-chose : tout au plus aurait-on vu un autre pays et une autre façon de vivre. Le pittoresque de la chose. Et il en eût été de même pour Bouddha s'il avait quitté les solitudes de Naïranjâna pour revenir à Rajariha, dans son royaume.

Mais, pour ce qui est de Bouddha, il demeura et pratiqua longtemps la méditation avec des maîtres hindous, avant que de s'apercevoir que l'ascétisme en soi-même et le simple fait de se conformer à des mœurs religieuses ne suffisaient pas réellement. Il n'avait toujours pas la réponse. Il avait peut-être quelques réponses, dirons-nous ; mais à ces questions, la réponse était d'une certaine manière dans son esprit, et c'était plutôt en regardant les choses comme il désirait les voir plus ou moins, et non en les considérant telles qu'elles étaient. Ainsi constatons-nous que pour suivre la voie spirituelle, il faut d'abord et avant tout surmonter l'excitation des premiers débuts ; c'est là l'une des premières conditions essentielles et de stricte nécessité. A moins d'être capable, en effet, de dominer cette excitation, on demeure incapable d'apprendre et d'avancer, pour la raison que toute excitation émotive a un effet obscurcissant et nous aveugle. On ne voit pas, on ne peut pas arriver à voir la vie telle qu'elle est parce qu'on penche beaucoup trop à s'en donner sa propre version personnelle. Par conséquent, il convient aussi de ne jamais se commettre soi-même en adhérant ou en se conformant à une structure quelle qu'elle soit, politique ou religieuse, avant d'avoir trouvé personnellement la véritable essence, avant d'avoir réellement découvert soi-même la substance même de ce qu'on veut obtenir. Il faut que chacun sache bien ce qu'il cherche, ce qu'il attend. S'enregistrer soi-même avec telle ou telle étiquette, adopter une existence d'ascète ou changer la façon qu'on avait de s'habiller : il n'y a rien là qui puisse amener une transformation authentique.

Au bout de plusieurs années, Bouddha décida de s'en aller. Il avait beaucoup appris, en un sens, mais le moment était venu pour lui de dire adieu à ses maîtres indiens, les rishis, afin de poursuivre seul et pour son propre compte. Il s'en fut donc et gagna un autre lieu fort éloigné de là, quoique toujours sur le bord de la même rivière, la Naïranjâna, où il prit place sous un arbre, un pippala, qu'on connaît également sous le nom d'arbre de la Bodhi. Il y resta de longues années durant, assis sur une grosse pierre, plongé dans les macérations les plus austères. Il ne mangeait et ne buvait pour ainsi dire rien. Ce n'était pas la pratique d'un ascétisme rigoureux qu'il jugeait nécessaire, mais le besoin indispensable de rester seul et de découvrir les choses par lui-même plutôt que de suivre l'exemple de quelqu'un d'autre. Sans doute pouvait-il parvenir aux mêmes conclusions selon d'autres méthodes, mais la question n'est pas là.

L'important c'est que, quelle que puisse être la chose qu'on cherche à apprendre, il est nécessaire que ce soit par une expérience de première main ; il est indispensable qu'on en ait une expérience personnelle et directe au lieu d'étudier dans les livres, de suivre l'enseignement de maîtres et de se conformer tout simplement à un modèle donné et déjà existant. Voilà ce que Bouddha avait découvert, et en ce sens il fut un grand révolutionnaire dans sa façon de penser. Il n'acceptait même pas l'existence de Brahmâ, Seigneur des Choses, autrement dit de Dieu, Créateur du Monde. Il avait résolu de ne rien accepter qu'il n'eût lui-même découvert d'abord. Ce qui ne veut pas dire qu'il méprisât le moins du monde la haute et antique tradition de l'Inde. Il la vénérait infiniment au contraire, et son attitude n'était nullement anarchiste au sens négatif du terme, pas plus qu'il n'était révolutionnaire à la façon dont les communistes le sont. Sa révolution était réellement, positivement, une révolution dans le vrai sens. Il a fait apparaître le côté créateur de la révolution, qui est de ne pas chercher à obtenir l'aide d'autrui, mais de trouver soi-même, de chercher soi-même et de découvrir par soi-même. Le bouddhisme est sans doute la seule religion qui ne soit pas fondée sur la révélation de Dieu ni sur la foi ou la dévotion accordées à Dieu, ou à des dieux de n'importe quelle sorte. Cela ne veut pas dire que Bouddha ait été un athée ou un hérétique. Non. Il n'a tout simplement jamais abordé ni discuté de doctrines théologiques ou philosophiques. Il est allé droit au cœur de la question, à savoir *comment* regarder, comment voir la vérité. Jamais il n'a perdu de temps pour de vaines spéculations.

Il y a beaucoup à apprendre en cultivant une pareille attitude révolutionnaire. Prenons, par exemple, un jour où nous aurions sauté le repas de midi. Quand bien même nous n'aurions pas faim, ayant pris un copieux petit déjeuner quelques heures plus tôt, supposons, il n'en reste pas moins que l'*idée* de sauter ce repas nous affecte, nous trouble. Il y a comme cela dans la vie en société une quantité de choses toutes faites, d'obligations, de motifs dont elle est tissée et que nous acceptons généralement sans examen, sans nous interroger à leur sujet. Avons-nous vraiment faim aujourd'hui à midi, ou bien nous mettons-nous à table juste pour occuper ce laps de temps prévu de la mi-journée ? Ce n'est là qu'un exemple, tout ce qu'il y a de plus simple ou d'ordinaire. Mais c'est encore la même chose et il en va presque exactement de même quand on en vient à la question de l'*ego*.

Ce que Bouddha a découvert, c'est qu'il n'existe rien de tel que le moi, l'ego, qu'il n'y a rien qui soit « je ». Et peut-être devrait-on même dire qu'il n'y a rien de tel que « je suis ». Il a découvert que la totalité de ces conceptions, idées, espoirs et craintes, émotions, conclusions, etc. ne sont que des créations de nos spéculations et seulement un héritage psychologique venu de nos parents, de notre éducation, et ainsi de suite. Nous nous contentons, nous, de coordonner tout cela ; c'est notre seule initiative et aussi notre seul effort, et cela par la faute, en grande partie du moins, de notre système d'éducation qui manque de pertinence et de justesse. On nous apprend ce qu'il faut penser, on nous le dit, on nous l'enseigne au lieu de nous le faire vraiment rechercher par nous-même. En ce sens, donc, l'ascétisme en tant qu'expérience de la souffrance physique n'est en aucune façon un élément essentiel du bouddhisme. L'important, c'est de dépasser, d'aller plus loin que le concept mental que nous avons formé. Oh ! cela ne signifie pas que nous ayons à créer un nouveau type de pensée ou qu'il nous faille chercher à être particulièrement anticonventionnels, à nous montrer perpétuellement originaux, ni qu'il nous faille passer notre vie à nous priver de déjeuner, par exemple, ou tout ce que vous voudrez de ce genre ! Nous n'avons nullement à tout changer dans notre comportement habituel ou dans notre façon de nous présenter aux autres. Cela non plus ne servirait pas spécialement à résoudre le problème. Ce qu'il faut, pour le résoudre, c'est de le bien poser et de l'examiner à fond ; y réfléchir soi-même soigneusement. Il n'y a pas d'autre voie. Or, à ce point de vue, nous avons un certain désir, ou plutôt quelque chose qui n'est même pas aussi fort qu'un désir, disons une sorte de penchant, un léger sentiment de besoin à nous conformer à un certain quelque chose. C'est plutôt vague et l'on n'y pense réellement pas : on s'y sent porté, tout au plus. Par conséquent il est indispensable de faire intervenir ici, de faire jouer une pensée d'*attention* et de grand soin, voire de précaution, grâce à quoi nous serons à tout moment capables de nous examiner nous-même, de scruter les choses nous-mêmes et de passer outre aux opinions reçucs et aux conclusions du soi-disant sens commun. Il faut apprendre à devenir un scientifique qualifié et habile, qui n'admet rien du tout sans contrôle. Tout doit passer sous notre microscope personnel, et il appartient à chacun de tirer à sa manière ses propres conclusions. Tant et aussi longtemps que nous ne le faisons pas et jusqu'à ce que nous le fassions, il n'y a ni sauveur, ni guru, ni bénédictions, ni directions qui puissent nous être de quelque secours.

Évidemment, c'est toujours le dilemme : s'il n'y a pas de secours, aucune aide possible, alors que sommes-nous ? N'existons-nous pas ? Ne cherchons-nous pas à atteindre quelque chose de supérieur ? Et ce quelque chose de supérieur, qu'est-ce donc ? Qu'est-ce que la bouddhéité, ce qu'on appelle aussi « l'état de Bouddha » ? Qu'est-ce que l'illumination ? N'y a-t-il là rigoureusement rien, ou bien est-ce authentiquement quelque chose ?

La réponse, eh bien ! je crains fort de n'être pas l'autorité qui puisse la donner. Je ne suis guère qu'un simple passant comme n'importe qui d'autre parmi nous. Mais d'après mon expérience personnelle — et ma science est celle que décrit l'Écriture sacrée : « comme un seul grain de sable dans le Gange » —, je dirais que lorsque nous parlons de choses *supérieures*, c'est que nous avons tendance à penser de notre seul point de vue, et que nous concevons là une version agrandie de nous-même. Quand nous parlons de Dieu, l'idée que nous avons tendance à nous faire est celle de notre propre image, mais plus grandiose : nous pensons à une dilatation de nous-même, une sorte d'expansion colossale de nous-même. Comme si nous nous regardions dans un miroir grossissant, en quelque sorte, dans un miroir magique qui nous magnifie. C'est toujours en termes de dualité que nous pensons. Je suis ici ; Il est là. Et pour communiquer, le seul moyen est de tâcher d'obtenir son aide, de lui demander assistance et secours. On peut avoir l'impression d'établir le contact à de certains moments, on peut avoir le sentiment que le contact est établi parfois, mais quoi qu'il en soit on ne peut jamais communiquer vraiment de cette manière. Jamais nous ne pouvons accomplir l'union à Dieu parce que l'idée que nous avons de Dieu est fixée d'avance, parce que c'est une conclusion préfabriquée que nous avons d'ores et déjà admise et que nous sommes tout simplement en train de vouloir fourrer cet immense objet dans un étui minuscule. On ne peut pas faire passer un chameau par le trou d'une aiguille. Donc nous avons à trouver d'autres moyens. Et la seule voie à découvrir est d'en revenir tout droit à ce qu'il y a de plus simple, c'est-à-dire de s'examiner soi-même. S'efforcer d'être « religieux », se prouver qu'on est bon avec autrui ou distribuer par charité le plus d'argent possible, là n'est pas la question, encore que tout cela puisse aussi être excellent, bien sûr. Mais le point essentiel, la chose capitale, c'est que nous ne devons jamais rien accepter les yeux fermés pour essayer ensuite de le loger au bon endroit : nous devons l'appréhender nous-même, essayer de le voir par nous-mêmes directement et selon l'expérience que nous en avons nous-mêmes.

Et ceci nous amène à la pratique de la méditation, qui est extrêmement importante. L'ennui, en la matière, c'est qu'on a tôt fait de s'apercevoir que les livres, enseignements, conférences et autres sont généralement bien plus occupés à démontrer qu'ils ont raison que de dire et de montrer *comment* on doit s'y prendre et comment il faut faire, ce qui est la chose essentielle. Ce n'est pas la diffusion des Enseignements qui nous intéresse personnellement ; ce qui nous intéresse, c'est d'en faire usage, c'est de mettre la doctrine en action. Le monde va si vite qu'il ne nous laisse plus le temps de *goûter*, d'*éprouver*, d'*essayer* ; ce que nous apprenons, nous devons tout de suite l'emporter, le cuire et le manger. Aussi tout se résume-t-il à ceci que nous devons voir de nos propres yeux et n'admettre, n'accepter aucune tradition comme telle, aussi longuement établie soit-elle, comme si son ancienneté lui donnait une puissance magique. Aucune magie n'existe, qui soit capable de nous transformer d'un seul coup, comme cela. Mais il n'empêche qu'automatiquement, avec notre tournure d'esprit mécanique, nous envisageons et attendons toujours plus ou moins quelque chose qui agirait comme lorsqu'on presse un bouton. Le raccourci nous séduit et nous attire avec force, et s'il existe quelque profonde méthode offrant une voie rapide, ce sera celle-là qu'il nous plaira de suivre, plutôt que d'entreprendre de longs voyages difficiles et des pratiques malaisées. Aussi voyons-nous maintenant quelle est la véritable importance de l'ascétisme : cela ne mène à rien de se maltraiter soi-même, mais un peu de travail manuel et d'effort physique sont indispensables. Si nous nous rendons quelque part à pied, nous connaissons le chemin à la perfection, tandis qu'en auto ou en avion nous arrivons là-bas, un point, c'est tout, et c'est tout juste si nous savons que nous y sommes ; cela se fait comme dans un rêve. De même, et afin de constater à mesure le continuel cheminement du développement, de même faut-il le cultiver, le pratiquer manuellement, concrètement de bout en bout. C'est une des choses les plus importantes de toutes. Et pour cela, la discipline est nécessaire. Nous avons à nous discipliner nous-même, car, aussi bien dans la pratique de la méditation que dans la vie de tous les jours, nous sommes portés à l'impatience et nous avons tendance à nous montrer impatients. Dès qu'on commence quelque chose, notre intention et notre tendance est tout juste d'en tâter un peu, d'y goûter, de l'abandonner ensuite et de passer à autre chose ; on n'a jamais le temps de la consommer, de la manger et de la digérer convenablement, ni de voir quels en sont les effets par la suite. Que nous ayons à goûter par nous-même et à vérifier si la chose nous est convenable et utile, c'est évident ; mais encore devons-nous, avant de la laisser, pousser quand même un petit peu plus loin, de façon qu'au moins nous ayons une expérience personnelle, directement vécue, de ce stade préliminaire. C'est absolument nécessaire.

C'est aussi ce que Bouddha avait trouvé ;

et c'est pour cela qu'il demeura plusieurs années à méditer sur le bord de la Naîranjâna sans quitter un instant, ou presque, l'endroit où il se tenait assis. Il méditait sur sa propre voie, et ce qu'il découvrit, ce fut que revenir dans le monde était la seule réponse. Quand il eut fait la découverte de l'état d'éveil, il comprit que la vie ascétique et les macérations ne servaient à rien ; il se leva donc et s'en fut mendier quelque nourriture. La première personne qu'il rencontra, non loin de Bodh Gaya, était une femme riche qui possédait un bon nombre de vaches. Elle lui donna du lait recuit avec du miel et concentré ; il le but et le trouva délicieux. Et non seulement il le trouva délicieux de goût, mais il trouva également que sa santé et son énergie en furent considérablement relevées, ce qui eut pour conséquence qu'il fut capable de faire de grands progrès dans la pratique de la méditation. Ce fut aussi ce qui arriva au grand yogin tibétain Milarépa [1].

Quand il sortit pour la première fois de sa retraite et reçut une nourriture convenablement préparée, il s'aperçut que cela lui avait donné de

---

1. Voir dans la collection « Documents Spirituels », n° 5 : *Milarépa, ses méfaits, ses épreuves, son illumination,* traduit du tibétain par Jacques Bacot.

nouvelles forces et qu'il se trouvait capable de méditer comme il faut.

Alors Bouddha chercha des yeux une place confortable pour s'y asseoir, ayant décidé qu'il était trop pénible et douloureux de rester assis sur une pierre. Un cultivateur lui fit présent d'une brassée d'herbe *kusa*, et Bouddha étala cette herbe sous un arbre, à Bodh Gaya, et s'y assit. Il avait découvert que d'essayer d'accomplir quelque chose de force n'était pas la réponse, et, par le fait, pour la première fois, il admettait qu'il n'y avait rien à accomplir. Il abandonna absolument toute ambition. Ayant de quoi se désaltérer, ayant où s'asseoir, il s'arrangea pour être lui-même aussi bien que possible. Et ce fut la nuit même qu'il atteignit finalement *sambodhi*, l'illumination du parfait éveil. Mais cela n'était pas tout à fait assez, il n'avait pas tout à fait encore tout surmonté. Ses craintes secrètes, ses tentations et ses désirs, l'ultime sursaut de l'*ego*, tout lui retomba dessus et l'assaillit sous la forme de Mâra, le Mauvais, avec ses cohortes. Mâra, pour commencer, dépêcha vers lui ses filles d'une rare beauté afin qu'elles le séduisent, mais ce fut en vain. Ensuite surgirent les armées féroces de Mâra, ultime ressource et tactique dernière de l'*ego*. Mais Bouddha avait atteint déjà l'état de *maïtri*, la douceur aimante. En d'autres termes, il n'était pas seulement plein de compassion, si l'on entend par là qu'il dédaignait Mâra comme stupide — puisque Mâra était sa propre projection —, mais il avait atteint l'état parfait de non-résistance, le pur état de non-violence, où lui-même s'identifiait avec Mâra. Il est rapporté dans les Écritures que chaque flèche de Mâra devint une pluie de fleurs qui descendit sur lui. Donc finalement l'*ego* capitula et il paracheva son état d'éveil en parvenant à l'illumination suprême.

Une telle expérience, nous aussi nous pourrions la connaître et la faire, peut-être en un bref éclair de transparence et de paix — l'ouverture de l'esprit —, mais cela n'est encore pas tout à fait suffisant. Il nous reste à apprendre comment en tirer parti de façon effective, il nous reste à en user comme d'un centre qui sera notre foyer d'expansion. Il nous reste à créer autour de nous une situation telle que nous n'ayons pas à dire : « C'est moi la personne éveillée. » Si l'on a à affirmer une chose semblable et à la démontrer verbalement, ce serait plutôt la preuve qu'on n'est pas éveillé.

Alors Bouddha s'en fut pour une marche de quelque sept semaines. En un sens, il demeurait seul et l'on pourrait même affirmer qu'il était quelqu'un de très solitaire puisqu'il était le seul qui voyait et qui avait atteint quelque chose. Pour ce qui est de la vie à vivre et de la véritable signification, du sens vrai des choses à découvrir (l'ainsité) dans le monde de *samsâra*, il connaissait quelques-unes des réponses. Mais comment présenter cela ? Voilà où il hésitait, ne sachant trop que faire ; et il fut presque sur le point de se résoudre à ne pas parler. Dans un des sûtras, il y a un gâtha, une courte stance, où il dit :

Une paix profonde et sans limite, tel est l'Enseignement que j'ai trouvé.
Mais nul ne saurait le comprendre, et donc je resterai silencieux dans la forêt.

Ce fut alors l'acquisition finale de la vraie compassion, et il comprit son aptitude à créer la situation exacte. Jusque-là, il avait toujours eu le désir d'enseigner (parce qu'il avait le sentiment d'être arrivé à quelque chose qui devait sauver le monde — si l'on peut employer une pareille expression). Mais encore lui restait-il à abandonner la pensée de sauver tous les êtres doués de sens. Et c'est là, juste à l'instant précis où il a décidé de quitter le monde et de se retirer dans la forêt, exactement à cet instant que s'est levé en lui le réel sentiment de la compassion vraie, absolument impersonnelle. Il ne pensait plus du tout à lui en tant que personne ayant un enseignement à donner ; il n'avait plus conscience d'être un maître ; il n'avait plus du tout l'idée de sauver les gens ; mais il était prêt à s'accommoder et à se servir spontanément de la situation qui se présentait, quelle qu'elle fût.

Il prêcha et enseigna durant près de quarante ans et passa sa vie à cheminer d'un bout à l'autre de l'Inde. Non pas à cheval ou à dos d'éléphant ni dans un chariot ; c'est en marchant tout simplement pieds nus qu'il voyagea par toute l'Inde. Je crois que si l'un de nous l'avait vu et entendu parler, il n'eût rien trouvé là qui ressemblât aux conférences et autres discours d'aujourd'hui. Une simple conversation, voilà tout : ce n'était pas le discours qui était important, non pas la parole à elle seule, mais toute l'atmosphère, l'ensemble de la situation qu'il créait ; et s'il possédait un pareil ascendant, ce n'était pas qu'il eût acquis le pouvoir spirituel correspondant, mais tout simplement parce qu'il était sincèrement vrai — exactement comme chacun de nous peut l'être. Par conséquent l'enseignement avait été donné avant qu'il ouvrît la bouche. C'est pour cela qu'il est dit dans les sûtras que tous écoutaient ses paroles : divinités et asuras, et toutes les sortes de gens d'un bout à l'autre de l'Inde, tous accouraient à sa rencontre, venaient le voir, et tous pouvaient le comprendre. Ils n'avaient pas besoin de lui poser de questions : ils recevaient automatiquement la réponse. C'est là un admirable exemple de communication. Car Bouddha n'a jamais prétendu être une incarnation de Dieu, ni qu'il fût un être divin de quelque sorte que ce soit. Il n'était rien d'autre qu'un simple être humain qui avait pénétré certaines choses et qui avait réalisé l'état d'éveil. Et pour chacun de nous il est toujours possible, du moins en partie, de faire la même chose et de connaître une telle expérience.

Qu'il n'y ait pas que le seul langage comme méthode de communication, nous le voyons à cet exemple. La communication est antérieure aux premiers mots que nous disons — quand ce serait tout simplement bonjour ! ou comment allez-vous ? —, elle existe déjà, de même qu'elle se poursuit encore quand la conversation a pris fin. Il y a là un tout, qu'on ne doit pas traiter à la légère mais qu'il faut, au contraire, mener de la bonne manière, très prudemment, en étant vrai, sincère et pas égocentrique. Car alors la notion de dualité a disparu, et c'est à sa place que s'établit le juste type de communication. Cela, on y parvient uniquement par l'expérience d'une recherche personnelle ; on ne peut y arriver en copiant tout simplement l'exemple de quelqu'un d'autre. Ni l'ascétisme, ni rien d'extérieur, aucun modèle préparé à l'avance, aucune théorie ne saurait apporter la réponse. Il n'y a rien à attendre du dehors, du monde extérieur ou des autres hommes ; c'est à chacun de nous qu'il appartient de faire le premier pas, le premier geste, le premier mouvement. Quand vous seriez en train de méditer chez vous, en supposant que vous habitiez au cœur de la ville, dans une grande rue, vous ne pouvez pas arrêter la circulation sous prétexte que vous avez besoin de silence et de calme. Par contre vous pouvez, vous, vous arrêter et accepter le bruit. Dans le bruit aussi il y a le silence.

Ce qu'il faut, c'est s'y mettre soi-même, personnellement, sans compter sur rien d'autre, sans rien attendre du dehors, exactement comme l'a fait Bouddha. Les conditions telles qu'elles se présentent, la situation quelle qu'elle soit, il nous faut l'accepter. La situation se présentera toujours d'elle-même comme un véhicule et nous serons capables de l'utiliser tant et aussi longtemps que nous-même ne nous en retirerons jamais. Comme il est dit dans les Écritures : « Le Dharma est bon au commencement, le Dharma est bon au milieu, le Dharma est bon à la fin. » Ce qui revient à dire que jamais le Dharma ne sera périmé, qu'il restera toujours actuel puisque la situation est foncièrement toujours la même.

2

Le terrain de la bodhi *et sa fumure : l'expérience*

Comment donner naissance à *bodhi*, l'illumination ou état d'éveil ? Quand on ne sait par où, ni comment commencer, on reste toujours en grande incertitude et l'on se sent vite repris dans le torrent de l'existence et perpétuellement emporté. Nos idées vagabondent, on est persécuté par un jaillissement continu de désirs vagues et de pensées en désordre qui ne cessent de se lever. Si nous prenons le cas et le langage de l'homme ordinaire, n'importe qui, l'homme de la rue, on dirait qu'il n'a pas la moindre chance, qu'il ne trouve aucune occasion d'y arriver pour la simple raison qu'il n'est pratiquement jamais capable d'un regard intérieur ; sauf peut-être s'il lit quelque livre sur ce sujet et s'il se sent un désir de s'engager dans une discipline, dans un mode de vie disciplinée. Et même alors, il paraît bien n'avoir pas d'occasion à saisir, pas de chemin par où commencer. Les gens ont tendance à faire une distinction tranchée et abrupte entre la vie spirituelle et la vie quotidienne. Ils vous qualifient de spiritualiste ou de matérialiste, vous étiquettent de cette manière et font généralement une différence énorme entre les deux. Aussi lorsqu'on vient à parler de méditation, de vigilance intérieure, de conscience attentive et de compréhension, cela n'évoquera-t-il absolument rien pour un homme ordinaire qui n'en a jamais entendu parler, et qui n'a effectivement pas la moindre idée de ce que cela peut être ; il est probable qu'il ne sera même pas assez intéressé pour écouter convenablement. Et c'est à cause de cette division, à cause de cette séparation excessive, qu'il trouve à peu près impossible de faire un pas de plus dans cette direction particulière : il ne fait pas le pas suivant et ne peut jamais communiquer avec lui-même ou avec autrui dans ce sens. Que les enseignements, les instructions, tous les écrits mystiques soient d'une grande profondeur, c'est fort possible, mais ce qui ne le sera jamais pour lui, c'est de faire le chemin jusqu'à eux. Il se trouve dans un cul-de-sac et il reste devant un mur. Ou bien un homme a une tendance mystique, il est quelqu'un qui penche vers la spiritualité, ou alors il est quelqu'un « du monde », un individu terre à terre ; et il y a un tel gouffre entre les deux qu'il semble bien qu'on ne puisse d'aucune manière le franchir. Voilà, je pense, l'un des plus grands empêchements à la naissance de la bodhi. Mais il peut également se faire que des doutes surviennent chez ceux qui se sont déjà engagés sur la voie et qu'ils ne demandent qu'à abandonner. Ils se disent peut-être qu'ils seront plus heureux s'ils laissent cela et demeurent tout simplement agnostiques.

Bref, le passage ne se fait pas bien entre une chose et l'autre ; il y a comme une rupture et l'on n'arrive pas à les relier, ce qui nous empêche de faire naître la bodhi, de faire éclore l'état d'éveil. Et ce problème, par conséquent, nous avons à l'examiner. Nous devons pouvoir fournir quelque indication valable pour l'homme de la rue, un moyen de trouver, un concept, une idée qui lui soient accessibles, qu'il puisse pleinement comprendre et qui seront toujours en liaison avec sa vie, qui participeront toujours à la vie qu'il mène. Il n'existe évidemment pas de mot magique ni rien de miraculeux qui puisse d'un seul coup modifier sa mentalité. On souhaiterait, certes, pouvoir illuminer quelqu'un rien qu'en prononçant quelques paroles, mais d'aussi grands maîtres que le Christ ou le Bouddha ne purent eux-mêmes accomplir un pareil miracle. Ils devaient toujours trouver l'occasion opportune et créer la situation qu'il fallait. Se mettre à analyser le caractère individuel et à étudier les difficultés, le *blocage*, c'est s'enfoncer toujours plus avant, parce qu'on serait tout simplement en train de vouloir défaire un nœud qui est toujours là et qu'il faudrait une éternité pour débrouiller cet enchevêtrement et son désordre confus. Donc il faut faire autrement, choisir un autre angle d'approche et commencer précisément par accepter tel qu'il est le caractère de l'individu, fût-il totalement tourné vers le matérialisme, et ensuite prendre tel aspect particulier de sa mentalité ou de son activité pour qu'il serve d'échelle, ou d'ancre, ou de véhicule, de telle sorte que même quelqu'un d'ordinaire, un homme de la rue, n'importe qui puisse faire naître la bodhi. C'est très bien d'affirmer que Bouddha est un homme éclairé : l'Éveillé, et qu'en ce qui concerne son essence de Bouddha et ses Enseignements il est perpétuellement en vie, que la Loi Universelle imprègne et pénètre tout — et de parler du Sangha, comme de la Communauté la plus haute et la plus ouverte qui peut influer sur les choses ; mais il n'empêche que pour la grande majorité ce ne sont là que des mots et jamais personne ne pourrait même songer à prendre refuge le long de ces lignes. Donc il nous reste à trouver la juste approche et nous devons la découvrir d'une manière ou d'une autre. Et l'on s'aperçoit toujours qu'un individu possède au-dedans de lui-même un caractère spécifique. Il se peut qu'on la juge comme dépourvue de toute intelligence et de toute personnalité, mais chaque personne en réalité possède néanmoins une particularité qui lui est propre, un quelque chose que nous appellerons sa qualité personnelle. Il se peut que ce soit une sorte ou une autre de grande violence, ou une énorme paresse, ou n'importe, il n'y a justement qu'à prendre cette qualité particulière, et à la prendre sans la considérer nécessairement comme un défaut ou un empêchement, comme un blocage, car cela, mais oui ! c'est la bodhi qui *est* en lui : c'est sa graine, ou plutôt c'est toute la force potentielle apte à la faire apparaître — car il est d'ores et déjà imprégné de bodhi. Comme le dit une phrase des textes canoniques : « Puisque tous les êtres sont pénétrés et imprégnés de la nature de Bouddha (*buddhatâ*) il n'existe rien de tel qu'un candidat inapte. »

Cet Écrit fut composé après la mort de Bouddha, après le *Parinirvâna*. Tout le monde commençait à douter, chez les dieux et chez les hommes, que les enseignements de Bouddha pussent se maintenir et demeurer, maintenant que le Maître merveilleux avait disparu, ne laissant derrière lui qu'un groupe de moines-mendiants qui paraissaient ne pas faire grand-chose ou qui n'étaient pas capables de faire plus. Aussi l'un de ses disciples se lamentait-il en disant que désormais le monde de Samsâra ne ferait que gagner et se poursuivre et s'étendre avec ses vagues de passion, de désir, de haine et d'illusion ; plus jamais nous n'aurons le bonheur d'entendre les enseignements et instructions de Bouddha, de nouveau nous voici plongés dans les ténèbres. Qu'allons-nous devenir ? Que ferons-nous ? — Et comme il se lamentait, les réponses surgirent dans son âme et il sut que jamais Bouddha n'était mort, que son Enseignement était toujours présent et que ce n'est rien qu'une idée, rien qu'un simple concept que la naissance et la mort du Bouddha. Pas un seul, en vérité, n'est exclu, et tous les êtres — quiconque a sentiment, quiconque a de l'intelligence, fût-elle l'intelligence inconsciente —, tous sans exception sont candidats à l'état de *bodhisattva* et chacun peut devenir une personne éveillée.

Qu'on ne suppose donc pas qu'il existe quelque « doctrine secrète » ou un Enseignement réservé à des élus : il n'y a rien de ce genre. En tout ce qui touche l'Enseignement, il n'y a rien de caché ; il est toujours ouvert. Il est même en réalité tellement ouvert, si simple et si ordinaire que, quel que soit le caractère personnel d'un individu, il y est contenu. Il peut bien être un ivrogne invétéré ou un homme emporté et violent d'habitude, c'est ce caractère qui est sa possibilité, son potentiel vivant. Et pour ce qui est d'aider à l'éclosion de la bodhi, la première chose est de respecter le caractère de l'individu, d'ouvrir son cœur à la violence qui est en lui. Il faut le prendre et le comprendre pleinement tel qu'il est, l'accepter et le respecter de façon que le côté énergétique, cet aspect dynamique de la violence, puisse être amené à servir comme facteur énergique de la vie spirituelle. Dans ce sens et de cette manière le premier pas est fait et le premier lien établi. Il est probable que l'intéressé se sentira très mal à l'aise, qu'il aura l'impression de mal faire ou que quelque chose n'est pas bien. Il aura peut-être le sentiment de se trouver devant de grandes difficultés, d'avoir un problème qu'il voudrait résoudre. Mais il ne peut pas le résoudre et sans doute, dans sa recherche d'une solution, va-t-il substituer d'autres activités à celles auxquelles il a renoncé. Donc c'est par des choses simples et directes, des choses ordinaires dans sa conduite et dans sa mentalité, que quelqu'un arrive à la réalisation de l'état d'éveil.

Bien entendu ceci n'est pas applicable par voie de généralisation. Avec un homme de cet état, il ne sert à rien de faire des généralisations ou de vouloir expliquer des concepts philosophiques. C'est ce moment particulier de la personne qu'on a à étudier, son actualité dans l'instant même. Il y a toujours là comme une sorte d'étincelle, un interstice. Le caractère n'est pas tout d'une pièce, rien qu'une seule chose ; il a son comportement actif, puis un comportement passif, puis de nouveau l'actif auquel succède le passif ; il est perpétuellement changeant, un incessant passage où le premier moment engendre et fait éclore le moment suivant. Il y a toujours ainsi un intervalle entre les deux périodes et c'est ce qu'on a à prendre comme point de départ. Il faudra sans doute recourir à une forme de théorie pour commencer, parce qu'il n'est pas possible de découvrir l'état d'éveil, ou Nirvâna, hors de la considération de Samsâra, le monde de confusion. Car Samsâra est l'entrée, Samsâra est le véhicule de Nirvâna. Aussi pourrait-on dire que le caractère violent est une bonne chose. C'est quelque chose de merveilleux, quelque chose de positif. Et cela, l'intéressé commence à le comprendre, alors qu'au début il se demandait avec inquiétude ce qu'il pouvait bien y avoir de bon en lui ; et pour peu qu'il dépasse le côté de fascination qu'il y trouvait, le voilà qui commence à se sentir bien ou du moins plus à l'aise : il commence à comprendre qu'il n'est pas exclusivement un « pécheur » mais qu'il y a en lui quelque chose de vraiment positif. Il en va exactement de même quand on pratique la méditation. Il se peut qu'on commence par détecter sa propre faiblesse, et peut-être même d'une façon plutôt vague, avec des pensées vagabondes ou en songeant à l'avenir ; pourtant il y a certaines choses qui commencent à venir, et l'on a l'impression de se tenir assis là tout spécialement pour y penser, plutôt que pour pratiquer la méditation. On aperçoit, on découvre ainsi certaines choses et c'est très précieux, car c'est plein de possibilités et cela fournit une excellente occasion.

On trouve fréquemment dans les Écritures que sans théories, sans idées, il n'est pas possible de se mettre en route. Qu'on commence donc avec des idées, qu'on parte donc des idées et qu'on en bâtisse une théorie. Ensuite, vous épuiserez la théorie et elle fera place peu à peu à la sagesse, à la connaissance intuitive, la connaissance qui, définitivement, adhère à la réalité. Par conséquent, pour commencer, il faut admettre les choses et ne pas réagir contre elles. C'est ainsi, par exemple, qu'il y a deux façons de faire lorsqu'on veut aider quelqu'un : dans l'une vous voulez l'aider parce que vous tenez à ce qu'il soit autrement ; vous voudriez le modeler à votre idée, vous aimeriez qu'il suive votre chemin. Votre compassion est encore égoïste ; c'est une compassion qui a un but ; c'est une compassion dont les résultats, finalement, seront aussi bien un bénéfice pour vous. Ce n'est pas là réellement de la vraie compassion. Ce projet d'aider autrui peut bien être excellent, néanmoins le mobile affectif, ce désir de sauver le monde et d'apporter la paix n'est pas tout à fait suffisant ; il doit y avoir plus que cela, il y faut quelque chose de plus profond. Aussi a-t-on d'abord à commencer par respecter les idées, puis à construire à partir de là. Il est vrai que dans les enseignements bouddhiques, pourtant, les concepts sont en général considérés comme une entrave. Mais être une entrave ne veut pas dire que quoi que ce soit s'en trouve interdit, définitivement empêché. Si c'est une entrave, c'est aussi le véhicule de la chose, c'est tout. On doit par conséquent s'attacher aux concepts avec une attention toute particulière.

Il est dit, dans le *Lankâvatâra-sûtra* si je ne me trompe, que les fermiers sans expérience jettent leur fumier et achètent de l'engrais aux autres paysans, alors que le cultivateur averti récolte et amasse son propre fumier malgré la puanteur et le sale travail, et que lorsqu'il est prêt à être utilisé, il le répand sur sa terre pour tirer de là sa moisson. Telle est la méthode habile. Et le Bouddha dit exactement de la même manière que ceux qui ne savent s'y prendre, les maladroits, veulent séparer le pur et l'impur et s'efforcent de rejeter Samsâra pour chercher Nirvâna, tandis que ceux qui sont d'habiles Bodhisattvas ne veulent pas se débarrasser du désir, des passions et de tout le reste, mais au contraire recueillent et amassent tout cela ensemble. C'est-à-dire qu'il faut premièrement les reconnaître et les admettre, puis aussi les étudier et les amener à la réalisation. Donc le Bodhisattva pertinent reconnaîtra et acceptera toutes ces choses négatives. Et il sait réellement, cette fois, qu'il a en lui du nauséabond et qu'il n'y a pas moyen de faire autrement pour commencer, même s'il paraît difficile et peu ragoûtant de travailler dessus. Par la suite, ce sera le fumier qu'il pourra répandre sur le champ de la bodhi. Car, le moment venu, ces concepts et toutes ces choses négatives ayant été examinés, analysés, il n'y a pas à les conserver plus longtemps mais à les éparpiller, les étaler et les utiliser comme fumure. Ainsi naîtront d'éléments impurs la semence et le grain de la réalisation. Voilà comment on la fait naître, comment on a à lui donner naissance. Et la seule idée que les concepts soient une mauvaise chose, que ceci ou cela soit mauvais, divise ce qui forme un tout et a comme résultat de ne vous laisser rien sur quoi et avec quoi agir. Il ne vous reste dans ce cas qu'à être absolument parfait, ou alors à vous batailler contre tout ce tas de mauvaises choses, à les combattre toutes pour vous en défaire et les supprimer. Mais lorsqu'on a cette attitude hostile et qu'on travaille à éliminer les choses, à chaque fois qu'on en chasse une, il en surgit une autre à sa place et, dès qu'on s'attaque à celle-ci, il y a celle-là qui arrive, venant d'ailleurs. C'est une ruse continuelle de l'ego, qui fait que si vous essayez de desserrer un côté du nœud, en tirant sur le fil vous ne réussissez qu'à le serrer un peu plus fort ailleurs et vous restez perpétuellement pris au piège. La chose à faire, par conséquent, c'est de ne plus se battre, de ne pas chercher à expulser les mauvaises choses en voulant réaliser seulement les bonnes, mais au contraire de les prendre en considération et de les accepter. La théorie et les concepts sont donc d'excellentes choses, comme est excellent un fumier merveilleux. Car tout au long de milliers et de milliers d'existences il nous a été donné de ramasser tellement de fumier, que nous possédons à présent une fortune prodigieuse de cet engrais riche et complet. Il y a de tout dedans ; ce serait une honte de s'en débarrasser, de s'en priver, et la seule conduite convenable est justement de s'en servir, de l'employer. Si vous deviez le rejeter, en effet, toute votre vie jusqu'à ce jour, les vingt, trente, quarante ans que vous avez vécu seraient gaspillés, perdus en vain. Et non seulement cette existence-ci, mais que de vies et de vies encore auraient été gâchées, vécues pour rien ! Ce serait une faillite ! Un désastre ! Toute cette lutte et ces labeurs, toute cette longue récolte aurait été pour rien et vous auriez tout à reprendre, tout à recommencer depuis le début ! Quel sentiment de déception n'en éprouverait-on pas, car on aurait beaucoup plus l'impression d'une défaite que celle d'avoir gagné quelque chose ! Donc il faut respecter le schéma de la continuité. Il se peut qu'on ait rompu le contact avec l'origine, et toutes sortes de choses ont pu se produire qui peuvent bien n'être pas spécialement bonnes : des choses qui sont plutôt indésirables et négatives. A ce niveau tout s'entremêle : il y a de bonnes choses et il y a de mauvaises choses, mais il y a aussi dans cette collection de bonnes choses déguisées en mauvaises et de mauvaises choses sous le déguisement de bonnes.

C'est cette courbe générale de toutes nos existences antérieures et la partie récente de notre présente existence jusqu'aujourd'hui que nous devons respecter, prendre en considération. Il y a là-dedans un modèle admirable, un merveilleux exemple. C'est déjà un courant vraiment puissant où viennent converger des flots nombreux au creux d'une vallée ; et la rivière ainsi formée est excellente, avec la puissante énergie du courant qui l'emporte ; mieux vaut donc s'associer à ce courant, l'utiliser, plutôt que d'essayer de le barrer, de vouloir l'arrêter. Ce qui ne signifie nullement qu'il faille continuer sans cesse à amasser toujours, à recueillir toutes ces choses encore. Le faire serait manquer complètement de sens et de sagesse ; ce serait n'avoir rien compris à cette idée du fumier à mettre en tas. Qui pense à le recueillir, en effet, c'est qu'il le reconnaît, le tient pour ce qu'il est ; et du fait qu'il le reconnaît, c'est qu'il a lui-même atteint un certain degré et sait comprendre que le fumier est à point pour son emploi.

Dans les livres sacrés du Tantra, on trouve l'histoire de deux amis qui ont tous deux le désir de chercher la vérité. Ils vont consulter un Maître qui leur enseigne : « N'abandonnez rien, ne délaissez rien, acceptez toute chose. Et une fois que vous l'aurez acceptée, utilisez-la de la juste façon. » Alors le premier se dit : « Très bien ! c'est épatant. Je n'ai qu'à continuer tout simplement à être comme je suis. » Ouvrant donc des bordels, des boucheries et des débits de boissons par centaines (ce qui était considéré en Inde comme une chose que seul quelqu'un de basse classe pouvait se permettre) il se mit à faire des affaires en grand, tout en pensant que c'était là ce qu'il avait à accomplir et ce qui était attendu de lui. Quant à l'autre ami, il se dit au contraire que ce n'était pas si parfait que cela ; il commença donc à se bien examiner soi-même, et cet examen l'amena à conclure qu'il avait d'ores et déjà assez de matériel et n'avait plus besoin d'en amasser encore. Il n'eut pas à pratiquer de méditation spéciale, mais, par le seul fait d'avoir examiné et reconnu la masse des choses existant et déjà amassées, il parvint à l'illumination de l'éveil, ou en tout cas à un certain degré de réalisation, à une sorte de *satori*. Par la suite, les deux amis se rencontrèrent un jour et se mirent à parler et à comparer leurs expériences. Le premier n'avait pas du tout approché de l'éveil ; il était toujours en train de lutter, d'amasser et de s'occuper de ces sortes de choses. En réalité, il était même tombé dans un mauvais piège et n'avait même pas commencé un quelconque examen de lui-même. Chacun d'eux cependant était également sûr d'avoir raison et ils décidèrent donc tous les deux de retourner consulter le Maître. « Je crains fort, dit celui-ci à l'homme d'affaires, que votre moyen ne soit pas le bon. » Et cet homme s'enragea tellement dans sa déception qu'il tira son épée et tua le Maître sur place.

Il y a là une illustration de deux approches possibles entre lesquelles quelque confusion existe parfois. Mais si quelqu'un est assez avisé — pas forcément intelligent — mais suffisamment habile et suffisamment patient pour examiner son fumier minutieusement et bien l'analyser, il est alors capable de l'utiliser. C'est ainsi que pour les concepts, si nous reprenons cette question qui constitue un excellent exemple, il s'agit en somme de développer notre vision positive et d'inventorier, de reconnaître l'immense richesse dont nous sommes possesseurs. Et quand on a fait le tour de ses idées et conceptions, il faut encore, d'une certaine manière, les cultiver. On tendrait volontiers à s'en détourner ou à les rejeter, mais il vaut mieux les cultiver ; non pas, certes, en entendant par là qu'on va lire plus de livres ou multiplier les entretiens et les discussions philosophiques, ce qui serait précisément l'autre voie, celle de l'ami qui faisait des affaires, mais tout simplement, puisque d'ores et déjà l'on a assez de richesse, en faisant le compte, en récapitulant cette richesse pour la mettre à contribution. Exactement comme celui qui veut acheter quelque chose commence d'abord par compter ce qu'il a et de combien d'argent il dispose. Ou mieux encore, c'est comme si vous vous remettiez à lire, pour les étudier, les notes du journal que vous teniez naguère, afin de reparcourir les différents stades de votre développement, ou bien comme si vous montiez au grenier ouvrir vos vieilles malles et coffrets pour retrouver tous vos vieux jouets, les poupées qu'on vous avait données quand vous aviez trois ans, etc., les reprenant et les contemplant avec tous les souvenirs qui s'y rattachent. C'est de cette manière qu'on acquiert une intelligence complète de ce qu'on est, et cette compréhension a plus d'importance que la création continuelle. Ce qui est important, capital, dans ce qu'on appelle la réalisation, toute la question en somme est de ne pas essayer de comprendre uniquement l'état d'éveil en prétendant ne rien savoir de l'autre versant, parce que cela revient finalement à tricher avec soi-même. Vous êtes vous-mêmes, comprenez-vous, votre meilleur ami, le plus intime ami que vous ayez, la meilleure compagnie. Chacun connaît sa faiblesse et son inconsistance, chacun sait combien il a pu se tromper, mal agir, on sait tout cela par le menu, alors il ne sert à rien de vouloir faire comme si on ne le savait pas, ni d'essayer de ne pas penser à ce côté-là pour ne s'occuper que du bon côté : cela signifierait qu'on en serait toujours encore à ramasser son fumier. Et quand on reste là, l'entassant et l'accumulant, on n'a pas la moindre chance d'avoir jamais assez de fumure sur le champ merveilleux de la bodhi pour faire pousser une seule graine. C'est pourquoi il convient à chacun de nous de tout reparcourir et de bien tout examiner de bout en bout en remontant jusqu'à l'enfance, et, bien sûr, si nous possédons la grande aptitude d'un retour sur nos existences antérieures, il faut le faire et tâcher d'en avoir l'intelligence, de les comprendre aussi.

On raconte aussi cette histoire de Brahmâ, venu un jour écouter le Bouddha prêcher, et Bouddha l'interroge : « Qui êtes-vous ? » Alors Brahmâ se mit pour la première fois à regarder en lui-même et à vérifier (Brahmâ étant la personnification de l'Ego) ; et lorsqu'il jeta ce premier regard en soi-même, il ne put pas le supporter. Il affirma : « Je suis Brahmâ, le grand Brahmâ, le suprême Brahmâ ! » Sur quoi Bouddha lui demanda : « Pourquoi venez-vous m'écouter ? »

Et Brahmâ de répondre : « Je ne sais. » Bouddha lui dit alors : « Bon ! Regardez à présent en arrière dans votre passé. » Et Brahmâ, avec sa faculté miraculeuse de voir ses innombrables existences passées, regarda ; et il ne put le supporter. Il s'effondra complètement et fondit tout simplement en larmes devant Bouddha. « Très bien ! Très bien ! approuva Bouddha. Voilà qui est bon. » C'était la première fois, comprenez-vous, ce fut la première fois que Brahmâ avait usé de sa faculté merveilleuse de voir dans son lointain passé, et donc il voyait finalement les choses clairement. Ce qui ne veut pas dire que chacun ait à s'effondrer en larmes pour autant, ni à se sentir mal de cela ; mais il est très important de bien examiner et vérifier toute chose minutieusement et de ne rien laisser échapper à cet examen. C'est à partir de là qu'on acquiert une bonne vue d'ensemble et bien complète de tout, semblable à une photo aérienne qui fixe la totalité du paysage, tous les arbres, les buissons, la route, les maisons, tout, sans rien laisser qu'on puisse prétendre ne pas voir.

Ce qu'on redoute et ce qu'on espère aussi doit être examiné. A-t-on peur de la mort ? Il faut creuser cela, l'examiner ; redoute-t-on la vieillesse ? on examine cela. Se sent-on mal à l'aise, a-t-on l'esprit inquiet d'une certaine laideur au fond de soi, d'un défaut ou de quelque faiblesse physique ? On les examine tout pareillement, de même qu'il faut examiner l'image qu'on se fait de soi-même, ainsi que tout ce qui peut nous laisser une mauvaise impression, un sentiment de trouble. C'est effectivement très pénible au commencement, comme Brahmâ l'a montré en éclatant en sanglots, de passer tout cela en revue et de le voir ouvertement. Mais c'est l'unique façon de faire ; il n'y en a pas d'autre. Parfois on touche à un point particulièrement sensible et l'on se sent presque trop honteux pour y plonger le regard, mais il ne faut pas reculer quoi qu'il en soit, cela doit être quand même examiné de bout en bout. C'est en y pénétrant qu'on acquiert finalement une réelle maîtrise de soi, qu'on prend vraiment une autorité sur soi-même, qu'on atteint pour la première fois à la pleine connaissance de soi.

Voilà. Nous avons donc exploré les aspects négatifs et nous nous sommes probablement aussi fait une idée de l'aspect positif. Nous n'avons pas encore atteint quelque chose, non, c'est tout juste si nous avons commencé l'essentiel rassemblement, la collection fondamentale du fumier, et il nous reste à présent à étudier cet engrais et à voir comment en faire usage.

Exercer et développer cette considération positive et parvenir à une certaine compréhension, voilà ce qu'on a fait jusqu'à maintenant et c'est ce qu'on appelle la théorie réelle. Ce n'est toujours que de la théorie, mais n'allez surtout pas la mépriser et la rejeter loin de vous. Vous allez au contraite la cultiver, en réalité, et travailler sans relâche intellectuellement ; évidemment, tout en continuant de travailler sans cesse, vous n'irez que jusqu'à un certain point dans l'intellectualisation, sans recourir aux livres, aux conférences ou aux discussions. Il faut que ce soit comme une sorte de contemplation et une étude directe, sur le vif ; une étude de première main, sans référence abstraite. Ainsi commence à se former pour chacun et à prendre corps par elle-même sa propre théorie ; et à mesure qu'elle se développe et se façonne concrètement, sans apport théorique extérieur, vous commencez vous-même à découvrir, à apercevoir non pas seulement les choses positives que vous avez faites, mais aussi l'élément de bodhi qui est en vous. Vous commencez à vous rendre réellement compte que vous possédez effectivement cette grande aptitude créatrice d'une si belle et prodigieuse théorie : cette aptitude personnelle de la créer.

A ce stade, naturellement, il est fréquent qu'on ait l'impression d'être parvenu à l'état d'Illumination, qu'on croie avoir atteint un état de satori, mais c'est une erreur. Il va de soi que cette première découverte s'accompagne d'une grande excitation, d'un grand élan d'enthousiasme et de joie avec le sentiment d'une bénédiction ; mais il n'en faut pas moins continuer à avancer. Donc, une fois qu'on a parcouru ces choses, qu'on les a bien explorées et étudiées, on s'aperçoit que « sa » théorie (la théorie concrète qu'on s'est faite) ne s'arrête pas, ne s'immobilise pas comme le fait une théorie ordinaire après la lecture de livres de philosophie sur le sujet — ou celle des Écritures sacrées. Au contraire, cette théorie-là se poursuit et continue. C'est une continuelle investigation, une perpétuelle découverte. Il arrive quand même, évidemment, que la théorie s'interrompe, qu'elle s'arrête. C'est qu'on atteint à un certain point où l'on commence à être trop fasciné par toute la chose dans son ensemble ; on met trop de passion et d'avidité dans la recherche, et là on aboutit à un arrêt et l'on ne peut aller plus loin. Impossible. Mais cela ne signifie pas que les choses se soient écroulées ou qu'elles se soient bloquées : cela veut dire qu'on a voulu trop en faire avec une idée, qu'on a abusé de l'esprit d'investigation, de la curiosité inquisitive. Il reste alors à le canaliser autrement, à l'orienter différemment, sans avidité ni fascination, en avançant pas à pas, posément, lentement, comme le disent les Écritures : au pas de l'éléphant. C'est ainsi que vous devez avancer, d'une démarche très lente et impassible, mais qui se poursuit pas après pas, dignement, comme un éléphant s'avance dans la jungle.

Il se peut donc que votre lutte continuelle soit d'une grande lenteur, mais Milarépa a dit : « Celui qui va lentement arrivera rapidement [1]. » La théorie, à partir de ce moment, cesse d'être une théorie, oui, elle devient désormais aussi une sorte d'imagination et des quantités de choses imaginaires interviennent et entrent en jeu. Et même si ces imaginations étaient une espèce d'hallucination, ce qui est fort possible, il ne faut pas abandonner ni délaisser cela, cette fois-ci encore. Qu'on ne se figure pas qu'on s'égare sur ce chemin et qu'on doive revenir en arrière pour retrouver la bonne route. L'imagination, de fait, on doit en user. De la théorie, donc, on passe à l'imagination (autrement dit la théorie éveille l'imagination) qui est le commencement de la connaissance intuitive. On découvre alors qu'on possède une grande force d'imagination, une immense énergie imaginative et l'on progresse pas à pas, graduellement. Au stade suivant on passe au-delà de la simple imagination — et ce n'est pas du tout de l'hallucination. Il existe quelque chose en nous qui est plus réel que l'imagination toute seule, bien que ce soit encore coloré par l'imagination. C'est quelque chose qui est, si vous voulez, plus

---

1. Milarépa, trad. Jacques Bacot, Fayard — « Documents Spirituels », p. 255.

ou moins décoré de ce pourtour imaginaire, mais dans lequel il y a cependant quelque chose, un contenu. Quand on lit un livre pour enfants : il a beau être écrit pour des enfants et avoir été imaginé de bout en bout, il contient quand même quelque chose d'autre. L'auteur simplifie peut-être son expérience et s'efforce de rester enfantin, mais on y trouve quelque chose. Et cela reste vrai de n'importe quelle histoire, d'ailleurs ; cette imagination-là n'est pas uniquement de l'hallucination, c'est de l'imagination réelle.

Si l'on jette à présent un regard en arrière sur la théorie ou si l'on remonte tout le chemin parcouru depuis le premier pas qu'on a fait, cela peut paraître un peu lassant, voire inutile, mais tel n'est pas le cas. Ce temps n'a pas été du tout du temps perdu.

Voici donc votre fumier répandu et très bien étalé sur le champ ; le moment est venu d'y semer votre grain et d'attendre que pousse et mûrisse la moisson. Voilà le travail de première préparation, et l'on est prêt maintenant à découvrir. Et déjà cette découverte a commencé et elle va s'amplifier. On aimerait poser beaucoup de questions car il y a bien des choses qui ne sont pas toujours sûres. Mais le fait est qu'à ce stade on n'a réellement pas besoin du tout de poser des questions ; tout au plus, peut-être, a-t-on besoin que quelqu'un du dehors vous dise tout simplement que c'est ainsi, quoiqu'on ait déjà la réponse en soi. La question est semblable à la première écorce, semblable à la peau d'un oignon : il suffit de l'ôter pour avoir la réponse. C'est ce que le grand philosophe et logicien du bouddhisme, Asanga, désigne comme « le sens intuitif, l'esprit d'intuition ». Dans ce sens intuitif et avec cet esprit d'intuition, si l'on étudie la vraie logique, on trouve que les réponses — et l'attitude contradictoire — sont en nous. Donc nous n'avons pas à chercher la réponse, puisque la question en elle-même la contient. Tout ce qui compte, c'est d'y entrer en profondeur, d'aller dans la question à fond ; voilà la véritable signification de la logique et son sens vrai. A ce stade, on a atteint une manière de *sentiment* : l'imagination devient une sorte de sentiment. Et, avec ce sentiment, c'est comme si l'on était arrivé dans le vestibule de la maison, comme si l'on était parvenu dans l'entrée.

3

Transmission

Ainsi, après toute votre préparation, vous êtes donc prêt finalement à donner naissance à la *bodhi*. La première chose à présent que vous avez à faire est d'aller vers un guru, vers un maître, et de lui demander qu'il vous fassc voir l'état d'éveil, tout comme s'il avait, lui, votre richesse en sa possession. Disons que c'est comme si quelqu'un d'autre était le propriétaire de tous vos biens, et que vous lui demandiez de vous les rendre. De fait, c'est bien là ce qui se passe en réalité, mais il y a pour cela comme une sorte de rituel qu'il faut respecter. Lorsque vous le lui aurez demandé, le maître vous enseignera. C'est ce qu'on appelle la *transmission*, ou *abhisekhâ*, un terme utilisé spécialement dans les enseignements du Vajrâyana et du Yoga bouddhique. On l'emploie beaucoup dans la tradition tibétaine et dans la tradition Zen également. « Transmission » ne veut pas dire quc le Maître vous communique sa connaissance ou vous révèle sa découverte : ce serait impossible ; Bouddha lui-même ne pouvait le faire. Ce qui est essentiel, ce qui est capital, c'est que nous cessions de chercher et d'amasser désormais quoi que ce soit et que nous parvenions à nous vider de tout ce que nous pouvons avoir. Et, pour ne plus rien amasser, pour éviter de recourir à l'ego, de le charger de quelque chose encore, il est indispensable de demander à quelqu'un de nous donner quelque chose — une personne extérieure — de façon que nous ressentions que ce quelque chose nous est donné. Car alors on ne le considère plus comme sa propre richesse qui vous serait restituée, mais comme un précieux don, comme quelque chose d'exceptionnel qui vient de cette personne. Aussi faut-il être extrêmement reconnaissant au maître qui donne l'enseignement. Il y a là une grande protection contre l'ego, puisque vous ne considérez plus cela comme une découverte que vous avez faite au-dedans de vous-même, mais comme quelque chose que quelqu'un d'autre vous a donné. C'est un cadeau qu'il vous fait — bien que la transmission, comme nous l'avons dit, ne soit pas en réalité quelque chose qu'on vous donne, mais simplement quelque chose qu'on découvre soi-même. Tout ce que peut faire le maître, c'est de créer la situation, d'amener et de fournir l'occasion. Le Maître créera la situation convenable et, du fait de cette situation, dans ce cadre et ce climat, le disciple se trouvera lui-même dans l'état d'esprit convenable parce qu'il l'a déjà. Quand on va au théâtre, c'est comparable : les choses sont déjà, prêtes pour vous : les fauteuils, la scène, les lumières, etc. — et rien que d'y entrer on sait déjà, on sent automatiquement qu'on prend part à un événement particulier. Chaque fois que nous entrons quelque part ou que nous participons à quelque chose, c'est parce que le cadre existe déjà, que nous en faisons partie. Sans doute la situation est-elle bien différente pour ce qui est de la *transmission*, néanmoins là aussi il y a toujours un cadre, un certain environnement. Et peu importe si le Maître se passe complètement de parler ou s'il se met, au contraire, à expliquer tout en long et en large, s'il accomplit une forme quelconque de cérémonie ou s'il fait quelque chose de tout à fait ridicule. Ce qui importe, c'est que la situation soit créée.

Voici l'histoire de Nâropa, le Grand Pandit hindou, encore appelé le Mahâ Pandita, ou le Grand Pandit de l'Université de Nalanda. Dans cette période remarquable de l'histoire du bouddhisme, il était l'un des quatre grands pandits et on l'appelait *le* Grand Pandit de l'Inde — autrement dit le grand savant du monde entier en ces matières. Il pouvait réciter toutes les Écritures sacrées par cœur et il connaissait toute la philosophie, savait tout ce qu'on pouvait savoir ; pourtant il n'était pas satisfait de lui-même ni de son érudition : il ne faisait en somme que distribuer ce qu'il avait appris, mais sans en avoir jamais été pénétré ni réellement atteint les profondeurs. Un jour, donc, qu'il se promenait sur la galerie extérieure de l'université, il entendit un groupe de mendiants qui parlaient devant l'entrée principale. Ils étaient en train de parler d'un grand yogin appelé Tilopa, et, dès qu'il eut entendu ce nom, Nâropa fut sûr, absolument sûr que c'était le guru qu'il lui fallait, son vrai guru, et donc il décida d'aller à sa recherche. Il fit des cadeaux de nourriture aux mendiants qu'il interrogea pour savoir où habitait Tilopa. Ils lui indiquèrent le chemin, mais il lui fallut quand même douze mois de recherche pour y arriver, car, à chaque fois qu'il croyait enfin avoir trouvé le bon endroit, on lui disait d'aller ailleurs. Et pour finir il arriva dans un petit village de pêcheurs et y demanda le grand yogin Tilopa. Un pêcheur lui répondit : « Ma foi, pour ce qui est d'un grand yogin, connais pas, mais on a bien par ici un Tilopa, qui habite là-bas, du côté de la rivière. C'est un grand fainéant et, même à la pêche, il y va pas et il vit sur les déchets que jettent les pêcheurs quand ils nettoyent le poisson : les têtes, les entrailles, tout cela. » Nâropa suivit les indications de l'homme, mais, arrivé sur place, tout ce qu'il vit fut un mendiant on ne peut plus banal, un type qui avait l'air tout ce qu'il y a dc plus anodin et qui se montra même incapable de parler. Nâropa se prosterna devant lui et lui demanda de lui donner l'enseignement. Durant trois jours, Tilopa ne souffla mot. Finalement il esquissa de la tête un léger hochement, que Nâropa interpréta comme son acceptation à le recevoir comme disciple. Alors Tilopa dit : « Suis-moi. » Et Nâropa le suivit. Il le suivit en effet pendant douze longues années, au cours desquelles il passa par toutes sortes de privations, subit une quantité de dures épreuves et connut des peines et des fatigues et des difficultés sans nombre. Dans une certaine circonstance, par exemple, Tipola lui dit qu'il avait grand-faim. (J'en parle ici parce que cela fait partie de la transmission. Il était en train, comprenez-vous, de créer le juste climat, le cadre voulu.) Affamé, donc, il demanda à Nâropa de chercher quelque nourriture. Or Nâropa, qui était né dans une famille de brahmanes, était quelqu'un de très raffiné, il faut le dire ; mais pour suivre l'exemple de Tilopa, il devait mener ce genre d'existence. Il marcha donc jusqu'à un village où les gens banquetaient à l'occasion d'un mariage ou de quelque autre fête particulière, et d'abord il voulut mendier ; mais ce jour-là, justement à cause de la fête, il était interdit de mendier. Alors il se glissa dans les cuisines et vola un bol de potage, puis il s'enfuit en courant pour l'apporter et le donner à son guru.

Tilopa en parut ravi. Pour tout dire, c'était la première fois en vérité que Nâropa eût jamais vu une expression aussi merveilleusement souriante à son visage. « Eh bien, se dit-il, voilà qui est merveilleux ! Je ferais bien d'y retourner et d'apporter un autre bol. » Tilopa exprima son agrément et déclara qu'il aimerait bien un second bol. Mais cette fois Nâropa n'eut pas la même chance : les gens le prirent, le rouèrent de coups et lui rompirent bras et jambes, le laissant à demi-mort et gisant sur le sol. Deux ou trois jours plus tard, Tilopa arriva et dit : « Alors, qu'est-ce qu'il se passe ? Pourquoi n'es-tu pas revenu ? » Il avait vraiment l'air furieux. Nâropa soupira qu'il se sentait mourir, mais le gourou lui ordonna : « Debout ! Tu n'es pas mourant et tu as encore à me suivre plusieurs années ! Debout ! » Et Nâropa se releva ; il n'avait rien de cassé en réalité et se sentait très bien.

En une autre circonstance, comme ils étaient arrivés sur le bord d'un canal infesté de sangsues, Tilopa déclara qu'il voulait traverser et demanda à Nâropa de se coucher dans le canal pour lui servir de pont. Nâropa s'allongea donc dans l'eau. Après que Tilopa eut marché sur lui, Nâropa se vit le corps couvert de centaines de sangsues, et il eut à nouveau à rester couché là plusieurs jours durant. Il arrivait à tout moment des choses de ce genre jusqu'au jour où, finalement, dans le douzième et dernier mois de la douzième année, Tilopa, assis près de lui, ôta soudain sa sandale et l'en frappa au visage. Au même instant, comme illuminé par un éclair, l'esprit de Nâropa fut pénétré des enseignements de Mahâmudra, ce qui veut dire le Grand Symbole — et il atteignit la Réalisation. Ce fut une grande fête après cela, et Tilopa lui dit : « C'est tout ce que je peux vous montrer. Tous mes enseignements vous ont maintenant été transmis. A l'avenir, si quelqu'un veut suivre la Voie de Mahâmudra, il devra apprendre et recevoir ses instructions de Nâropa. Nâropa est comme un second roi après moi. » Après quoi seulement, Tilopa lui expliqua les Enseignements en détail.

Voilà donc un exemple de « transmission ». Dans ces temps-là, c'est vrai, les hommes étaient plus patients et non seulement ils pouvaient envisager d'y passer d'aussi longues années, mais ils y étaient prêts. Quoi qu'il en soit, le principal n'est pas le fait que Nâropa ait seulement reçu l'enseignement à l'instant que la chaussure lui frappa la tête, mais bien que le processus se soit tout le temps poursuivi durant les douze longues années qu'il passa avec son Maître. Toutes ces difficultés et les étapes différentes qu'il eut à franchir faisaient partie de la « transmission ». C'est une question d'atmosphère à établir, de climat à créer. C'est dans le même sens que certaines cérémonies de transmission (tel le cérémonial d'Abhisekha [1]) constituent un processus de création d'un environnement auquel participent la pièce où cela se passe, la personne elle-même et le fait justement d'affirmer : « En trois jours de temps je vais vous instruire, et alors aura lieu la transmission. » De cette façon, le disciple s'ouvrira lui-même mentalement. Et lorsqu'il se sera ouvert lui-même, le Maître ne dira guère que quelques mots sans grande signification en eux-mêmes, probablement. Ou peut-être ne dira-t-il rien du tout. L'important est de faire naître la bonne situation, aussi bien du côté du Maître que du côté du disciple. Et quand la bonne situation est créée, il n'y a brusquement plus là ni Maître ni disciple. Le Maître est là comme une entrée et le disciple comme une seconde entrée, et lorsque les deux portes sont ouvertes, il y a le vide complet, une unité parfaite entre les deux. C'est ce que la terminologie Zen désigne comme « la rencontre de deux esprits ». Le dernier kôan résolu, tous les deux font silence. Le Maître de Zen n'irait pas dire : « Là, vous y êtes ! » ou bien : « C'est juste ! » Il arrête. Et le disciple arrête aussi, tout simplement. Et il y a un moment de silence. C'est cela, la transmission

---

1. L'une des principales cérémonies d'initiation du bouddhisme.

— être en train de créer la bonne situation, juste amener la circonstance —, voilà tout ce qu'un guru du dehors peut faire ; et tout ce que vous pouvez faire vous aussi. La transmission est tout simplement de s'ouvrir des deux côtés, d'ouvrir tout. On s'ouvre soi-même entièrement de telle sorte que, même si cela doit ne durer que quelques secondes, cela n'en prend pas moins une signification considérable. Cela ne signifie certes pas qu'on ait atteint l'Illumination, mais on a eu un aperçu de ce qu'est la Réalité. Il n'y a là rien de spécialement excitant ou sensationnel ; ce n'est pas forcément une expérience très émouvante. Seulement quelque chose qui s'ouvre, il y a comme un éclair et c'est tout. Pourtant on le trouve décrit dans les livres et qualifié de « Grande Bénédiction » ou « Mahâmudra », d'état d'éveil spirituel ou de *satori* [1], et de quantité d'autres titres et noms encore. Mais, de toute façon, le moment lui-même, l'instant concret, vécu est extrêmement simple, extrêmement direct. C'est la rencontre, tout simplement, la réunion de deux esprits. Deux esprits qui font un.

---

1. Dans le Zen.

4

Générosité

La générosité, *dâna*, est l'un des six *pâramitâ*, ou activités transcendantes. *Pâr* signifie littéralement « l'autre rive ». C'est un mot qui est encore d'un usage courant en Inde quand on veut parler de l'autre côté d'un fleuve, d'une rivière. *Mitâ* est « celui qui est allé là-bas ». Donc *pâramitâ* signifie : « ce qui a atteint l'autre rive ». Ce sont les *pâramitâ* qu'on voit assez souvent appelées, chez certains spécialistes : les Six Perfections. Que les *pâramitâ* soient des actions parfaites, c'est vrai en un certain sens, mais ce mot de *perfection* comporte diverses autres associations aussi, fait écho à diverses significations sous-entendues qui ne conviennent pas ici. S'efforcer vers, et parvenir à la perfection n'est pas du tout le but. Donc il vaut mieux comprendre les *pâramitâ* en termes de transcendance : un passage au-delà.

Ces six « activités transcendantes » sont les activités du bodhisattva. *Bodhi* signifie l'état d'éveil spirituel, et *sattva* est celui qui est en chemin vers l'état d'éveil, sur la voie. Ainsi *bodhisattva* est le terme qui s'applique à ceux qui ont parcouru, ou à ceux qui ont un penchant à suivre la voie de Compassion, la voie d'Amour. Le Hînayâna, ou Petit Véhicule — qu'on appelle la voie élémentaire ou l'étroit sentier —, est fondé sur la discipline, nécessité première pour le développement de la liberté. Et ce n'est pas uniquement l'esprit qu'on discipline, sur ce Chemin, par la pratique de la méditation, mais aussi la parole et le maintien corporel. Il s'agit de tout autre chose, dans une discipline de ce genre, que de se soumettre à un code de lois morales ou d'une moralisation prise au sens de « péché » et « vertu » ; ce qui lui importe c'est d'agir convenablement, d'agir sincèrement et vraiment, d'agir complètement, d'agir selon la Loi de ce qui est. Il nous faut donc bien comprendre et voir clairement cette notion de discipline, autrement dit de *shîla pâramitâ*. Elle est fondamentale et devient la base de tout. La Voie Étroite, pourrait-on dire, c'est cela qui est en elle-même une sorte de simplicité. Ainsi, par exemple, s'il n'y a qu'un seul petit sentier pour franchir une passe de montagne quand tout le reste du terrain est envahi par la végétation, entièrement couvert d'arbres et de buissons, de broussailles, etc., on n'aura pas la moindre difficulté à choisir son chemin. S'il n'y a qu'un seul sentier, ou bien on s'y engage ou l'on fait demi-tour. Toute l'affaire se réduit à cette simple alternative, ou l'incident, ou la continuité. Par conséquent la discipline ne limite pas nos activités en décrétant que ceci ou cela est contre la loi divine ou qu'elle est immorale : c'est simplement qu'il n'y a devant nous qu'une seule voie véritablement simple et authentique. Elle se ramène essentiellement à la pratique de *samâtha* développant la conscience attentive, cette vraie lucidité par laquelle on voit tout simplement ce qui est. Le moment n'est jamais que maintenant, et c'est avec l'expérience qu'on a de l'instant actuel, par l'expérience du moment présent qu'on agit. Voilà. Nous avons maintenant parlé de la Voie Étroite.

De là nous passons au Mahâyâna, le Grand Véhicule, qui est la voie ouverte, le chemin du bodhisattva. La voie Étroite n'a pas seulement pour elle d'être simple et directe, elle a aussi une grande force, une grande valeur ; elle a sa grandeur et sa dignité. C'est en bâtissant sur cette base que nous développons la Compassion. Mais la compassion dont il est ici question est quelque chose qui n'a en réalité pas de rapport particulier avec le fait d'être compatissant ou de se montrer secourable ou aimable avec son prochain, ni de contribuer régulièrement à divers organismes charitables ou de verser des secours aux réfugiés, encore que cela puisse y être inclus également. Cette charité-ci est essentielle, fondamentale ; elle consiste à développer la bienveillance au-dedans de soi, en soi. Une bienveillance impersonnelle que le bodhisattva tire de sa conscience attentive et de sa simplicité, qu'il entretient et développe foncièrement, mais sans rien d'égoïste. Il ne songe pas à soi, et l'idée d'un quelconque bénéfice mental ou psychologique ne l'effleure même pas. Il ne se dit pas, par exemple : « Je voudrais le voir ne plus souffrir. » Le « je » n'intervient en aucune façon. Le bodhisattva parle, pense et agit en toute spontanéité, sans référence aucune à l'idée d'aider, d'assister, sans aucune intention particulière. Ce qu'il fait, il ne le fait absolument pas avec des raisons *religieuses* ou *charitables*. Son comportement est seulement en fonction de la vraie réalité de l'instant actuel, le fruit immédiat du moment présent, par le moyen duquel il développe une sorte de bienveillance chaleureuse. Et il y a une grande chaleur dans cette conscience attentive, en effet, et une très grande créativité. Ses actions ne sont limitées par aucune considération, et rien ne vient empêcher le jaillissement en lui de toutes sortes d'impulsions actives et créatrices qui se trouvent être exactement justes et convenant à ce moment-là, parfaitement accordées à ce moment particulier. Au fur et à mesure que se font les choses, tout simplement, à mesure qu'elles surviennent, il navigue avec elles, de sorte qu'il y a en lui une énorme et continuelle créativité. Cela, c'est l'action concrète de *karunâ*, un mot sanscrit qui veut dire « noble cœur » ou « cœur compatissant » (amour ou compassion). Dans ce cas, donc, Compassion ne se rapporte pas à la seule bonté, mais à la compassion essentielle, à la compassion impersonnelle et désintéressée. Le cœur compatissant du bodhisattva n'ayant véritablement et réellement pas conscience de *soi-même*, sa compassion a beaucoup plus de champ pour se répandre et se développer, car il n'y a pas ici de foyer émetteur mais seulement l'irradiation. Et lorsque existe la radiation sans qu'il y ait le radiateur, le rayonnement s'avance et s'avance et s'avance toujours sans que jamais son énergie soit épuisée. Elle se transforme sans cesse et, à mesure qu'elle se répand et se porte plus loin, elle se transforme et se métamorphose en autre chose, en une nouvelle activité créatrice, et donc ainsi se poursuit toujours et encore continuellement. Quant à cette modification en activité créatrice, qu'on n'aille surtout pas s'imaginer qu'elle soit un pur concept philosophique ou une simple notion théorique : elle se produit positivement, concrètement, de façon pratique et parfois le plus simplement du monde.

Cela étant dit, nous pouvons à présent en revenir à la générosité : *dâna*, qui survient et se manifeste quand le bodhisattva, ivre de compassion, n'a plus conscience de lui-même. Il n'est pas seulement empli de compassion, il devient entièrement compassion, il *est* lui-même compassion. A cela, six activités sont associées : la générosité, la moralité ou discipline (discipline spontanée, agissant selon la vraie Loi), la patience, l'énergie et la clarté lucide (qui est aussi sagesse ou connaissance de ce qui est, savoir la situation). C'est ce qu'on appelle les *pâramitâ*, ce qui veut dire, rappelons-le, des actes transcendants. Et le bodhisattva, ne l'oublions pas, ne fait rien pour être vertueux ni par souci de vaincre le péché ou le mal ; il n'a pas dans l'idée d'être ou de n'être pas du côté du Bien ou du Mal. En d'autres termes, son activité ne se limite pas, n'est pas conditionnée par le bien et le mal ou attachée à ce qui est bon ou mauvais. C'est pourquoi elle est transcendante, c'est-à-dire qu'elle va au-delà.

Sans doute est-ce quelque peu abstrait au premier abord, et pas trop facile à saisir, aussi est-on en droit de se demander comment un acte de générosité peut être transcendant et si ce n'est pas là une pure définition philosophique ? Et pourtant non, ce n'est rien de cela en l'occurrence parce que cette générosité n'a pas trait seulement à son action. L'esprit du bodhisattva ne fonctionne tout simplement pas comme cela. En agissant, il est tout à fait spontané, complètement libre et tout entier dans le moment présent. Donc il est totalement ouvert et sans opinion, car, autant que son jugement y soit intéressé, il est non agissant. L'activité naît seulement lorsque la situation l'implique et s'offre d'elle-même. Le bodhisattva ne serait-il pas continuellement dans un état de non-égoïsme conscient, il n'en agit pas moins tout à fait spontanément en tout cas : il agit en conformité avec le Dharma. Et le Dharma, dans ce sens, se définit comme la Vraie Loi, la Loi de l'Univers. Le Dharma est le dépassionnement, la non-passion, ce qui revient à dire qu'il n'entraîne ni ne contient aucune sorte de désir, aucune forme du désir d'un accomplissement quelconque, et que donc l'action généreuse (l'acte, le geste de générosité) se fait gratuitement, sans intention ni arrière-pensée, sans référence aucune à une rétribution quelconque, à quelque récompense particulière. La générosité n'a, par conséquent, pas d'autre sens que la non-possession. Être généreux veut dire ne pas posséder.

Qu'un homme soit riche, il pourra se dire : « A présent, oui, j'ai le moyen de pratiquer la générosité puisque j'ai des moyens pour le faire. » Mais pour ce qui est du bodhisattva, c'est un problème qui ne se pose pas du tout, la question n'étant pas de posséder quelque chose. La générosité est simplement une disposition intérieure, un état d'esprit où l'on ne désire pas posséder et où l'on est amené à distribuer à autrui. De plus, la générosité n'est pas seulement en rapport avec la pratique de la méditation qui permet de connaître, en ne gardant rien par devers soi, une sorte d'effacement du moi, un état de désintéressement : elle est donc également quelque chose de positif. Dans les Ecritures, Bouddha parle de la pratique de la générosité en étendant le bras et en le ramenant au corps.

Un récit qui date de la vie de Bouddha raconte l'histoire d'une mendiante qui était pauvre entre tous les plus pauvres mendiants de l'Inde, car si elle était pauvre d'état, elle l'était aussi de nature. Elle se sentait d'autant plus pauvre que ses désirs étaient insatiables. Un jour, elle apprit que Bouddha était invité chez Anâthapindika, dans le Jétavana, le grand parc qu'il lui offrait comme séjour. Anâthapindika était un riche marchand et un grand donateur. Aussi décida-t-elle de suivre Bouddha parce qu'elle savait qu'il lui donnerait de quoi manger quels que pussent être les restes. Après avoir assisté à la cérémonie d'offrande au Sangha et au Bouddha, elle s'assit et attendit que Bouddha la vît. Il se tourna vers elle, s'approcha et lui demanda ce qu'elle désirait. Il le savait, naturellement, mais c'était à elle de le reconnaître et de le dire. Et elle dit : « Je voudrais manger. Je voudrais que vous me donniez ce qui restera. » Bouddha lui dit : « Dans ce cas il faut d'abord dire non. Quand je vous offre, vous avez à refuser. » Il lui tendit de la nourriture et elle s'aperçut que c'était très difficile de dire non. Elle comprit que de toute sa vie elle n'avait jamais dit non. N'importe quand, n'importe où, si quelqu'un avait quelque chose ou si quelqu'un lui offrait quelque chose, toujours et partout elle avait répondu : « Oui, je le veux. » Elle trouva donc vraiment très difficile de dire non, n'étant pas du tout accoutumée à ce mot. Elle finit tout de même, après de grandes difficultés, par dire non, et Bouddha lui donna la nourriture. Et ce fut ce qui l'amena à comprendre que la véritable faim au-dedans d'elle-même était le désir et le besoin d'avoir, de posséder, de prendre, d'accaparer. Voilà un exemple qui nous montre comment on peut pratiquer la générosité. Et c'est une générosité qu'on peut, à ce point de vue, pratiquer envers soi-même, puisque ce qui importe ici est de se libérer de cette possessivité, de ce besoin perpétuel.

Ensuite, bien sûr, le premier pas à faire est d'abandonner ses biens propres. Mais ce n'est pas une chose obligatoirement associée à l'austérité. Cela ne signifie pas que vous n'ayez pas le droit de posséder quelque chose ou qu'il vous faille vous défaire immédiatement de ce que vous avez. A supposer que vous ayez une grande fortune et des biens nombreux, soit ! — à supposer que vous en jouissiez et qu'il vous plaise de les avoir, soit encore ! et que probablement vous y attachiez un intérêt personnel — à l'instar d'un jouet d'enfant, votre jouet d'adulte en l'occurrence, soit ! On ne vous demande pas de ne pas estimer la valeur ou de mépriser vos possessions : toute la question est que ce soit également facile de vous en défaire. Si quelqu'un vient vous demander l'objet que justement vous aimez tout particulièrement et que vous désirez toujours garder, qu'il n'y ait pas la moindre hésitation : abandonnez-le tout simplement. C'est en réalité le concept même de la possession qu'il s'agit d'abandonner, dont il s'agit de se défaire.

Voici l'histoire qu'on raconte au Tibet à propos de deux frères, dont l'un possédait quatre-vingt-dix-neuf yaks alors que l'autre en avait un seul. Avec son yak, le frère pauvre se trouvait satisfait. Il était heureux et se sentait riche. Il avait un yak et c'était tout ce qu'il lui fallait ; il n'en demandait pas plus, mais il ne vivait pas non plus dans une crainte particulière de le perdre. Le fait est qu'il avait réellement plus de joie à posséder son yak qu'il n'avait de peur à l'idée qu'il pouvait le perdre. Son frère, par contre, vivait dans la perpétuelle terreur de perdre ses yaks et avait à veiller sur eux constamment, surtout que sur ces hautes terres du Tibet il y a en général pas mal de loups et d'ours himalayens, et que souvent aussi les yaks périssent des rigueurs de l'hiver. C'est une partie du monde où garder les bêtes d'un troupeau est bien plus difficile qu'ailleurs. Un jour, donc, le frère riche se dit : « Allons ! je crois que je vais demander à mon frère une faveur. » Car cet homme, voyez-vous, non seulement vivait dans la terreur de perdre ses bêtes, mais sa seule idée et son unique ambition était aussi d'en avoir un plus grand nombre. Et il s'en fut trouver son frère, lui disant : « Écoute ! Toi, tu n'as qu'un seul yak, et je sais que cela ne représente pas grand-chose ; c'est même si peu que si tu n'en avais pas du tout, cela n'aurait en vérité guère d'importance. Tandis que si tu me donnes ton yak, cela m'en fera cent et pour moi, cela a une énorme signification et une grosse importance. Cent yaks, tu comprends, voilà qui est réellement quelque chose ! Si je possédais ce total, je serais vraiment quelqu'un de riche et de connu. » Ainsi lui demanda-t-il cette faveur. Et le frère lui laissa le yak tout aussitôt, sans la moindre difficulté. Il n'eut pas d'hésitation ; il le donna tout simplement. Et cette histoire est devenue proverbiale au Tibet pour illustrer que plus on a et plus on veut, alors que moins on a, mieux on est préparé à donner.

Telle est donc cette possessivité, cette faim, cette fringale psychique qui n'est pas liée seulement à l'argent ou aux richesses, mais qui se rapporte à un sentiment instinctif de possession profondément enraciné en nous, un besoin d'avoir, de mettre la main sur les choses, un désir et un besoin que les choses nous appartiennent définitivement. Imaginez-vous, par exemple, en train de faire du lèche-vitrines. Tel individu pourrait être malheureux tout au long et éprouver une sorte de chagrin à voir des choses qui lui plaisent et se dire : « Si seulement j'avais de l'argent, je pourrais me l'acheter ! » Et tout le temps que durera sa promenade devant les magasins, cette faim lui cause grande peine. Alors qu'un autre individu, au contraire, prendra plaisir rien qu'à regarder, à voir tout simplement — Par conséquent ce n'est pas, en réalité, seulement un faible pour telle chose particulière qu'on a dans cet instinct de possession, dans ce besoin d'avoir à soi et de garder au lieu d'être prêt à donner ; il y a autre chose. C'est plus généralement un besoin de s'occuper de quelque chose ; et si vous perdez ou avez perdu l'intérêt qui vous y attache, vous avez aussitôt besoin de lui substituer quelque nouvel objet. Il vous faut autre chose pour la remplacer. Ce n'est pas vraiment que vous ne puissiez pas vous passer spécialement de voiture ou du chauffage central ou de n'importe quoi. Il y a toujours autre chose là-dessous, quelque chose de plus fondamental, une sorte d'instinct de possession, un besoin de propriété, un besoin d'avoir, qui est toujours en train de changer, de s'accroître et de substituer une chose à une autre. Le besoin change de prétexte, augmente toujours et passe sans cesse d'un objet à un autre. Voilà quelle est la réelle faiblesse — encore que ce ne soit pas exactement une faiblesse, mais plutôt une sorte d'habitude qu'on a tendance à prendre et qui se forme par un processus de pensées qui tient de la névrose. Tout cela se condense en un flux incessant de pensées qui se chevauchent en se poursuivant dans notre esprit qui ne connaît rien d'autre que leur procession continuelle. Jamais nous ne laissons rien survenir ni prendre place dans notre esprit ; jamais nous ne laissons rien se produire, rien se faire. Une pensée naît-elle ? Une autre déjà la chasse, et l'on n'a pas fini celle-ci qu'une autre la chevauche, et une autre et ainsi de suite toujours. Jamais nous ne laissons donc le moindre intervalle qui nous permettrait d'être libres et de digérer véritablement, concrètement les choses. Par conséquent cela devient une continuelle demande, un processus continuel recréant perpétuellement le besoin de posséder. Et c'est pourquoi l'on se doit de développer la générosité de s'ouvrir soi-même véritablement.

Le stade suivant est peut-être une forme plus profonde de générosité, à savoir d'être préparé à partager son expérience avec autrui. Mais attention, c'est assez délicat et il y a un risque : c'est de vouloir enseigner aux autres ce qu'on a appris. On peut s'y laisser prendre. On peut être tenté de révéler quelque chose un peu, sans doute, parce qu'on a envie d'en parler ; mais il est facile de se prendre au jeu, de s'exciter et de se mettre à se vanter parce qu'on en connaît peut-être un peu plus sur le sujet que la personne à qui l'on parle. La chose est assez délicate, répétons-le. Néanmoins, où qu'on soit parvenu et quoi que l'on ait pu réaliser, l'exprimer avec des paroles et le donner à quelqu'un d'autre est le seul moyen de se développer soi-même. Cela vaut tout particulièrement pour les maîtres, ceux qui instruisent. Car non seulement les maîtres très avancés, mais en réalité tous les maîtres, sans exception, ne peuvent se contenter d'apprendre les choses et de les garder : il est indispensable pour eux de les mettre en pratique, en action efficace en les répandant au-dehors, en les communiquant à d'autres, mais sans l'idée toutefois d'une quelconque récompense. On appelle cela *dâna* du *Dharma*, cette générosité où vous êtes tout le temps à distribuer, à donner. Vous avez évidemment à être très attentif et veiller à ne pas faire le présent qu'il ne faut pas à la personne qu'il ne faut pas. Supposons, par exemple, que cette personne ne soit pas très empressée à vous écouter parler de vos expériences ni spécialement au fait de la méditation et des choses de ce genre, alors vous ne continuerez pas à en parler parce que ce ne serait réellement plus *dâna* du tout. Et peut-être qu'à une telle personne il serait plus approprié de donner plutôt autre chose que le Dharma.

Il convient de voir tout cela avec intelligence, lucidité et sagesse ; la *Prajnâ-pâramitâ* [1] aura à intervenir. Mais en gros, le principe général est que si l'on veut recevoir quelque chose intérieurement, il faut donner à l'extérieur. Il y a là un processus continuel de substitution, un procédé de transformation continue. C'est une tradition au Tibet, quand vous voulez recevoir quelque instruction ou un enseignement, d'apporter au guru quelque présent. L'idée qui préside à cela, c'est que si vous attendez quelque chose — j'aimerais recevoir l'Enseignement ; je voudrais savoir telle ou telle chose — vous avez vous aussi à donner quelque chose. C'est également faire valoir que vous n'êtes pas tout à fait pauvre et dans la dépendance d'autrui, ni humilié parce que vous avez besoin d'aide, puisque vous avez quelque chose de précieux à offrir. Dans la tradition tibétaine du bouddhisme, ceux qui allèrent en Inde pour traduire les textes et recevoir l'Enseignement des maîtres hindous consacrèrent d'abord deux ans à collecter de l'or dans tout le Tibet. Ils ont toujours donné quelque chose avant de recevoir une instruction. Il s'agit, en somme, de comprendre et d'apprécier la valeur même des Enseignements,

---

1. Texte de base de « l'Ecole du Milieu » = *Mâdhyamika.*

encore qu'on ne puisse pas vraiment les évaluer sur le plan des richesses matérielles ; il faut donc être prêt à donner quelque chose, et l'une des choses les plus importantes de toutes, bien sûr, est de se défaire de cet ego qui est, de ce qu'on possède, un de nos biens le plus cher et le plus précieux. C'est de cela qu'on doit se défaire ; c'est cela qu'on a à donner ; c'est à cela qu'il faut renoncer. D'où certaines pratiques qui sont traditionnelles au Tibet comme celle des prosternations, où l'on a, avant que de passer à l'un quelconque des degrés successifs de la méditation, à effectuer cent mille prosternations — une obligation directement liée à la pratique du Yoga bouddhique. L'idée mise dans la prosternation étant celle de s'offrir soi-même, de se rendre, de s'ouvrir : une sorte de procédé de vidage, un moyen de se vider complètement ou, si l'on veut, une façon de préparer le réceptacle, le récipient, à recevoir. Vous avez à ouvrir et à vider complètement un vase déjà prêt, déjà constitué et utilisable. C'est cela que vous avez à offrir, et dès lors vous pouvez tout recevoir dans son intégrité pleine et intacte, gardant toute sa valeur et toute sa qualité.

Pour ce qui est du Maître, il va de soi que c'est aussi d'une extrême importance ; or, je suis assuré que nous sommes tous des maîtres, chacun à sa manière, et que tous nous pouvons toujours enseigner quelqu'un à différents degrés. Et il faut que les maîtres soient préparés à apprendre auprès de leurs élèves, et c'est très, très important. Autrement, il n'y a réellement pas de progrès chez les étudiants à cause de l'intérêt excessif que porterait le Maître à disposer le disciple, en quelque sorte, à accueillir, à recevoir son ego dilaté, à cause de l'insistance qu'il mettrait à faire de l'élève un autre lui-même, au lieu de l'aider à développer ses aptitudes individuelles. D'où la nécessité pour les maîtres d'être prêts à apprendre quelque chose de leurs élèves ou disciples, afin que s'établisse ainsi un courant d'échange continuel, une relation permanente entre les uns et les autres. Cet échange se fait continuellement et les élèves, par conséquent, ne se fatiguent pas d'un Maître qui se développe lui-même aussi bien qu'eux tandis qu'il les enseigne. Il y a toujours quelque chose de différent, il y a du nouveau à tout moment, et donc la matière ne vient jamais à épuisement. On devrait même appliquer cela aux études techniques et à tous les enseignements quels qu'ils soient, aux mathématiques, aux sciences, à toutes les matières. Que celui qui enseigne soit préparé à apprendre de celui qui est enseigné, l'élève aussi devient impatient de donner, il y a donc un amour véritable et la communication se fait réellement. Voilà ce qu'est la générosité la plus grande.

On peut constater dans la vie de Bouddha qu'il

n'a jamais enseigné comme du haut de la chaire, en usant, comme simple moyen, d'une sorte d'autorité pompeuse. Jamais il ne se contenta d'un recours à son autorité personnelle en tant que Bouddha, l'Être Éveillé. Jamais il n'a enseigné en affirmant : « Vous êtes dans l'erreur et je suis dans le vrai. » Et même s'il lui arrivait parfois de signaler que telle voie était la bonne et telle autre mauvaise, usant alors de la sagesse discriminative, il n'en encourageait pas moins toujours la discussion parmi ses disciples. Et les disciples contribuaient toujours, pour une part, à son Enseignement en lui apportant quelque chose, car toujours il posait des questions et maintenait d'une certaine manière la communication. « Est-ce ainsi, ou n'est-ce pas ainsi ? » demandait-il ; et c'était à eux de juger. Il laissait aux disciples le soin et l'occasion de décider. Ensuite il pouvait dire oui, ou non ; mais quelle qu'eût été la réponse, c'était à partir de là qu'il construisait : c'était sur elle qu'il s'appuyait. Ainsi s'effectuait un perpétuel échange, un processus continuel d'offre et de demande, de donné et de reçu ; et je reste certain que nous pouvons nous aussi le faire de façon très semblable.

En général, quand on a quelque chose à exposer, on aimerait bien sûr le dire tout simplement de bout en bout en devançant toute critique ou réaction d'autrui, ce qui vient d'une crainte secrète ;

au fond, d'un certain manque de confiance en soi qui est dû à la peur qu'on a de montrer la folie de l'ego. On a donc tendance à l'établir, à l'imposer comme un fait brut, puis à tout laisser là. On donne son exposé, j'ai dit, et l'on s'en va. Seulement, les élèves, quand ils sont pratiquement privés de toute participation, ne trouvent aucun plaisir à ce qui devient une leçon trop formelle, très difficile et pas trop solennelle. Ils ont conscience d'être des élèves, des gens auxquels on dit ceci et cela, et cet enseignement cesse dès lors d'être un argument créateur, vivant, provocateur : il ne pénètre pas réellement dans la personnalité de chacun et ne met personne en mesure de développer ses propres aptitudes et son savoir.

Alors, évidemment, la générosité quant aux biens matériels, ainsi que nous l'avons dit, n'est pas simplement dans le fait de donner tel objet ou son argent ; c'est beaucoup plus une question d'attitude intérieure qui commande à ce geste. Il est assez généralement répandu dans les mœurs des pays d'Orient — et je ne dis pas que la manière orientale de faire les choses soit toujours juste, je ne la présente pas comme une autorité, comme si c'était la seule bonne et authentique façon d'agir, mais seulement comme la suggestion d'un autre comportement possible — il est assez dans les mœurs des pays d'Orient que quelqu'un, quand il donne quelque chose, choisisse de préférence la chose qu'il aime le plus : il la donne, justement, parce qu'elle représente positivement son cœur. Que de choses étranges survenaient à quelqu'un qui voyageait, comme je l'ai fait en tant qu'abbé d'un monastère, dans les différents districts du Tibet ! On nous faisait présent des objets les plus hétéroclites, les plus inattendus : des tabliers de femmes et des chaussures, des bijoux, des anneaux, des ornements pour la coiffure et des chapeaux de femmes, que sais-je encore... Ce n'était pas qu'ils aient cru que nous eussions vraiment besoin de telles choses, mais c'était ce qu'ils avaient de plus cher, de plus précieux : c'était quelque chose qui les représentait effectivement. Là ils avaient mis leur désir et leur goût de posséder, et voilà pourquoi ils le donnaient de cette manière. La donation et le concept de *puṇya* — de mérite — ne consistent pas dans le seul fait de donner des objets ou de dépenser une grosse somme d'argent, il faut aussi participer physiquement et se trouver pleinement impliqué à titre personnel dans le geste du don. Il en va de même en tout pour un genre de travail tel que la pratique de la méditation : vous devez être totalement impliqué, vous devez devenir un avec ce que vous faites. Peu importe la mince valeur marchande que peut avoir l'objet que vous donnez, l'essentiel est qu'on y soit si pleinement engagé soi-même qu'en le donnant une partie de votre ego soit donnée aussi. Par ce moyen-là et par cette voie on atteint la *pâramitâ*, l'acte transcendant qui est quelque chose de plus, qui va plus loin, qui passe par-delà. On n'a alors aucunement dans l'esprit quelque idée de *vertu* ni de distribution de choses dans un effort pour être *religieux* ; on ne pense absolument pas à recevoir une récompense quelconque pour ses bons mérites. Si l'on donne dans le but de gagner du mérite, au lieu de se défaire de quelque chose, on ne fait que vouloir exalter son ego, le construire un peu plus. Mais si l'on est capable de donner vraiment quelque chose de son moi, de l'ego, si l'on se défait d'un peu de cette possivité et d'une part de passion, alors on est réellement en train de pratiquer le Dharma, qui est la non-passion, le dépassionnement absolu ; et le mérite devient automatiquement un sous-produit, quelque chose de très secondaire, et l'on cesse d'être tout le temps à vouloir gagner du mérite.

5

Patience

Ce mot de patience, *kshânti* en sanscrit, est employé d'ordinaire pour signifier la résignation à supporter les maux et les difficultés, une calme endurance. Mais il signifie en réalité plus que cela. Il y a résignation dans le sens où, voyant la situation telle qu'elle est, et comprenant qu'il est juste de la supporter, on comprend qu'il est juste de faire appel à la patience et de la développer. Il y a donc un facteur d'intelligence dans *kshânti* qui contraste, pourrait-on dire, avec un animal lourdement chargé qui continuerait à avancer toujours le long du chemin jusqu'à ce qu'il tombe mort : cette patience-là est une patience dépourvue de sagesse, une patience aveugle. Tandis que celle dont nous voulons parler maintenant est une patience qui garde une vision claire et une énergie où brille l'intelligence. Généralement, quand on parle de patience, on pense à quelqu'un qui personnellement se montre patient ; pourtant elle a aussi beaucoup affaire avec la communication. La patience peut se développer s'il y a discipline et si l'on peut créer les justes conditions, créer la bonne situation. Ce n'est plus, dès lors, parce que c'est pénible ou désagréable qu'on supporte les choses, et parce qu'on s'efforce d'en voir le bout, mais on est capable de développer la patience facilement avec l'aide de *virya*, l'énergie. Sans énergie, on ne saurait user de patience, on ne peut pas développer sa patience, parce qu'il faut de la force dans la patience et que cette énergie ne s'obtient qu'en créant la situation, autrement dit dans les bonnes et justes conditions, ce qui est lié à la lucidité d'une conscience en éveil. Je sais bien que ce mot de conscience en éveil a quelque chose d'ambigu puisqu'il implique souvent l'idée de conscience de soi quand ce n'est pas la simple idée qu'on est attentif à ce qu'on est en train de faire ; or la lucidité dont nous parlons ici, cette conscience vigilante est uniquement celle qui voit les choses telles qu'elles sont, qui comprend la situation avec une rigoureuse exactitude. Il n'est pas question ici de vous surveiller attentivement vous-même dans vos actes ou vos paroles, mais de considérer la situation dans son ensemble, de la voir comme un tout, de même que la vue aérienne d'un paysage révèle la topographie de la ville, sa banlieue et tout le reste. — C'est ainsi que la patience révèle de la discipline, qui est directement, à son tour, en rapport avec la lucidité de la conscience vigilante.

La discipline est positivement la clef de tout, et *shila* (la moralité) est la source de la discipline, de même qu'elle en est la fonction principale. Deux grandes écoles de pensée existent à ce propos : l'une qui regarde la discipline comme une nécessité absolue, affirmant qu'on ne peut apprendre et trouver la bonne voie que par la discipline seule ; pour l'autre école, au contraire, il faut laisser les choses se développer selon elles-mêmes, et donc, s'il y a moins de discipline et plus de place pour le choix ou l'instinct personnel de chacun, l'intérêt personnel se développera d'autant plus en la matière et il ne sera plus nécessaire d'imposer quoi que ce soit d'autre. Les deux façons de voir sont extrêmes, excessives voudrait-on dire. Ce n'est pas que les bouddhistes penchent pour le compromis en toute occurrence, mais, dans ce cas-ci, la question est surtout de parvenir à voir les choses clairement, en toute lucidité. Chaque fois qu'il y a trop de discipline, c'est invariablement qu'elle vous est imposée par quelqu'un d'autre. Il y a des règles, des ordres et des règlements, et tout le temps on vous surveille et on vous dit ce qu'il faut faire, de sorte qu'à la fin vous n'êtes plus vous-même, vous n'êtes plus réellement ce que vous êtes : c'est quelqu'un d'autre qui vous envahit, qui dilate sur vous son ego et vous impose son idée.

Plutôt qu'une forme de discipline, ce serait une sorte de dictature où l'on essayerait de forcer les choses à venir et à croître au lieu de les laisser pousser naturellement. Mais d'un autre côté, laisser la discipline entièrement à la discrétion de chacun et le laisser lui-même trouver sa propre voie, ce serait vraiment par trop difficile pour lui, sauf dans le cas exceptionnel de quelqu'un qui serait très intelligent et suprêmement maître de soi, c'est-à-dire capable d'écarter toute influence de pensées, d'émotions ou d'opinions anormales ou pathologiques. Ce qui n'est pas dire pour autant que la plupart des gens soient fous ou caractérisés par des troubles mentaux ; c'est seulement que cet élément existe chez chacun. Nous avons tous d'ordinaire un côté un peu pathologique ou névrosé qui nous porte plus ou moins à réagir, devant une situation donnée, et à nous comporter émotivement d'une façon qui n'est assurément pas la bonne. On agit pour des raisons subjectives, selon son propre conditionnement intérieur, au lieu d'agir objectivement selon et en fonction de ce qui *est*. Et en pareil cas, par conséquent, il est impossible de faire jouer son aptitude au développement de la liberté, parce que la liberté, qui doit s'offrir, être vue et perçue correctement, n'est pas convenablement perçue. Concrètement parlant, ce mot de « liberté » est lui-même un terme relatif : la liberté *de* quelque chose, autrement il n'y a pas liberté. Et puisqu'il s'agit de la liberté *de* quelque chose, on a d'abord à créer les conditions voulues, il faut créer la « juste » situation, ce qui est l'acte même de la patience.

Une telle liberté, quelqu'un du dehors ou une autorité supérieure ne peut pas la créer pour nous. Il nous faut développer nous-même notre aptitude à connaître la situation. En d'autres termes, on a à développer une conscience panoramique, une lucidité pénétrant tout, qui connaissent la situation *à l'instant même*. Toute la question est de savoir quelle est la situation et d'ouvrir les yeux au moment même de son actualité présente ; cela n'a rien d'une expérience mystique plus spécialement, et ce n'est pas mystérieux du tout ; c'est tout simplement et justement une perception directe, ouverte et claire de *ce qui est maintenant*. Et lorsque quelqu'un est capable de voir exactement ce qui *est maintenant* sans être influencé par le passé ou quelque attente de l'avenir, mais bien de voir et de ne voir rien d'autre que l'instant juste du moment actuel, alors il n'y a plus, à ce moment, du tout de barrières. Car c'est uniquement par association avec le passé ou avec une attente de l'avenir qu'une barrière peut se lever. Donc le moment présent n'a aucune barrière, l'instant actuel n'a pas de limite du tout. Et puis on découvre qu'il a en soi une énergie énorme, une force formidable pour pratiquer la patience. On devient semblable au combattant dans la bataille, qui ne pense alors pas au passé ou à l'expérience qu'il a pu avoir précédemment de la guerre, ni non plus aux conséquences possibles dans l'avenir, mais qui se bat en prenant à mesure les choses comme elles viennent pour passer outre, ce qui est le juste moyen d'être un guerrier. De la même manière, quand on se trouve engagé dans un conflit redoutable, c'est de cette énergie faite de patience qu'on a à faire preuve et qu'il faut déployer. Ce qu'on appelle la vraie patience, c'est cela : une patience lucide, avec un œil qui voit tout.

Bien sûr, il nous paraîtra possible d'être ouvert et conscient du moment présent quand on se trouve seul ou quand les bonnes conditions s'offrent d'elles-mêmes, quand la situation se présente bien — par exemple sous un beau soleil ou par une belle soirée, ou bien en lisant un bon livre ou quand on est en agréable compagnie ou n'importe quoi de ce genre qui fait que la situation correspond exactement ou de très près à ce qu'on désire faire. C'est plus facile, en effet. Mais ce n'est pas souvent ainsi que les choses se présentent. On est peut-être mal entouré ou bien très déprimé ou dans un trouble violent, mais il n'en reste pas moins qu'on a à percevoir l'identité des deux aspects. Évidemment il est très facile d'en parler et bien plus difficile de le faire. Mais ce que je veux dire, c'est que même lorsque les circonstances sont favorables, comme c'est précisément le cas ici, à la campagne, loin du bruit et dans le calme, on n'est pourtant jamais capable d'échapper aux perturbations émotives ni à la dépression ni à la foule de choses qu'on a en tête. Cela tient pour moitié à ce qu'elles interfèrent avec d'autres gens, et pour moitié à ce que nous ne sommes pas capables nous-même de rester ouvert et de développer assez de force de patience ; et donc, l'ensemble, au lieu de participer au dessin général d'un *mandala* [1], marque une tendance à se détacher comme une entité séparée. Ce qui veut dire qu'on devrait toujours rester au centre et ne pas réagir à la situation. Sans doute est-ce une pensée très charitable de se dire qu'on aimerait voir bien faite une chose qui va de travers ; néanmoins le moi y reste impliqué. « Je voudrais qu'il soit heureux » se dit-on, ou encore : « Si cela peut le rendre heureux, je le serai aussi. » L'idée est toujours que, de ce bonheur, l'un comme l'autre se réjouit ; et c'est une façon de se vouer au bonheur des deux côtés. Aussi arrive-t-il souvent qu'on ne se trouve pas au centre de la roue du potier, si je puis risquer cette image, et quand la glaise a été posée par hasard

1. Dessin architecturé ou forme géométrique souvent complexe servant à la fois de support de méditation et d'itinéraire vers une réintégration au Tout.

sur le bord de la roue, elle est jetée dehors. Ce n'est pas la glaise qui est mauvaise, ni le tour du potier qui fonctionne mal : c'est vous tout simplement qui avez mis la glaise au mauvais endroit. Et si vous la posez au centre du tour, elle vous fera alors des pots magnifiques. L'essentiel est donc pour vous d'avoir à être tout le temps au centre et de ne point attendre que quelqu'un d'extérieur ou que la situation agisse pour vous. En d'autres termes, celui qui a hautement recours à la patience habile n'attendra jamais rien de personne, non pas par méfiance mais parce qu'il sait comment se tenir au centre et parce qu'il *est* le centre. C'est ainsi que pour trouver le plein silence vous n'irez pas vous mettre à chasser les oiseaux sous prétexte qu'ils font du bruit ; que pour goûter le calme vous ne chercherez pas à immobiliser le mouvement de l'air ou le courant de la rivière, mais que vous les accepterez et serez vous-même conscient du silence, que vous les acceptez tout simplement comme faisant partie de l'établissement du silence. Donc, l'aspect mental du bruit que font les oiseaux affecte en vous le côté psychologique ; autrement dit le bruit que font les oiseaux est un facteur, et votre concept psychologique du bruit en est un autre ; et lorsqu'on est capable d'agir de ce côté-là, le bruit des oiseaux devient tout simplement du silence audible. La chose importante est donc qu'on n'ait pas à attendre quelque chose du dehors, qu'on n'ait pas à essayer de changer autrui ou à vouloir lui opposer ses propres opinions. On ne devrait pas essayer de convaincre quelqu'un au mauvais moment, quand on sait qu'il a déjà très clairement son idée, ou simplement quand ce n'est pas le juste et bon moment pour que vos paroles le touchent.

Qu'on se figure, par analogie, deux personnes qui marchent côte à côte sur un chemin vraiment très rude et raboteux, et l'une d'elles pense que ce qu'il y aurait de très bien à faire ce serait de couvrir avec du cuir le chemin tout entier et qu'ainsi il serait doux et souple ; mais le second, plus avisé et plus sage, lui répond : « Non, je pense que si nous couvrions nos pieds avec du cuir, cela reviendrait au même. » Eh bien, voilà ce qu'est la patience, qui ne consiste pas à être méfiant mais qui est une question de n'attendre rien, de ne pas espérer quelque chose et de ne pas essayer ni vouloir changer la situation à l'extérieur de soi. Et cela, c'est le seul moyen pour créer la paix dans le monde. Que vous soyez vous-même préparé à entrer en paix et à accepter, quelqu'un d'autre vient alors apporter la même contribution. Que cent personnes fassent de même et tout serait en bonne voie.

Une histoire tibétaine raconte qu'il y avait une fois un escadron de cent et un cavaliers dont l'un, qui était très jeune, était le propre fils du capitaine. Et son père lui fit remarquer : « Tu m'as l'air d'être en retard ! Tous les autres ont sellé leurs chevaux, mais toi que fais-tu ? » Et le fils de répondre : « Bah ! si cent hommes peuvent seller leur monture aussi promptement, pour un tout seul ce ne sera pas long ! » Mais comme ils avaient tous sellé en même temps, naturellement il fut donc en retard et resta en arrière. De même si l'on attend un changement de la situation extérieure, tout se trouve retourné et l'on se trouve repoussé de tous côtés et vaincu. On croirait marcher sur de la glace. Quelquefois, bien sûr, on arrive à changer la situation avec certaines personnes — mais ce sera peut-être à la suite de plusieurs démarches pénibles telles que plaintes et explications détaillées afin que cette personne comprenne que ceci ou cela vous dérange ou que telle et telle chose est insupportable ; et le temps que vous arriviez à vos fins par ce procédé plutôt long, votre véritable objectif, à savoir la paix et la tranquillité que vous recherchiez, s'est évanoui depuis longtemps. Vous n'êtes finalement arrivé à rien du tout, sauf à tomber dans une vaine et continuelle agitation. C'est la patience, par conséquent, qui est le moyen d'imposer l'exemple de la paix. Quand on veut quelque part créer une atmosphère calme et paisible, c'est la patience qu'on a à mettre en jeu, non seulement pour le désagrément à supporter, et tout ce qui nous exaspère, mais pour voir aussi le côté plaisant de la situation dont on se trouve soi-même irrité. Car dès qu'on est capable de regarder les choses sous cet aspect particulier, de voir leur côté ironique (qui est également un aspect intéressant), la situation, on ne sait trop comment, a perdu son caractère exaspérant et son pouvoir d'envahir notre domaine de silence. Être capable d'accepter les choses, d'admettre la situation tranquillement, d'une manière détendue, c'est déjà le premier pas dans la production d'un climat de paix et d'une atmosphère de quiétude sereine, et cela, il peut se trouver quelqu'un qui le ressente même sans qu'on en parle.

C'est donc ainsi que la patience est la clef qui permet le développement d'un centre ouvert et l'établissement d'une base stable pour la pratique de la méditation. De plus, son importance est considérable dans notre vie de tous les jours, dans nos rapports avec les gens, bref pour mener notre existence au sein du monde où nous avons à vivre. L'idée de patience a des inférences bien différentes pour la plupart des gens, un sens quasi puritain qui veut qu'on soit froid et naïf et qu'on ne parle guère : cette vie peut être pénible, mais voilà, on la supporte quand même avec un sourire faux. Or, cela ce n'est pas du tout de la patience ; et parce qu'on n'est aucunement préparé à ne faire qu'un avec la situation et à voir le côté plaisant qu'elle présente, son aspect ironique, il vient un jour où cette résignation puritaine finit par lâcher, finit par exploser ; elle ne peut aboutir que là, c'est obligé, et alors là, pour la patience, il ne reste plus de place du tout.

6

La méditation

La méditation est un vaste sujet — et qui a connu bien des développements à travers les siècles et bien des variantes dans les différentes traditions religieuses. Mais on peut dire, très largement parlant, que le caractère essentiel de la méditation revêt l'une de ces deux formes : la première émanant des enseignements concernant la découverte de la nature de l'existence, la seconde concernant la communication avec la notion extérieure ou universelle de Dieu. Dans les deux cas, la méditation est le seul moyen de mettre en pratique les enseignements.

Avec le concept d'un Être suprême extérieur, on a également celui d'une personnalité intérieure qui n'est autre que notre « je », le moi ou l'ego ; et, dans ce cas, la pratique de la méditation est un moyen de développer la communication avec un Être extérieur. Ce qui revient à dire qu'on se sent exister soi-même comme un être inférieur et qu'on s'efforce d'avoir contact avec quelque chose de plus haut, de plus grand. Cette méditation est fondée sur la dévotion. C'est une pratique de méditation essentiellement intérieure, ou introvertie, qui est bien connue des enseignements hindous pour lesquels la chose capitale est d'entrer dans l'état intérieur de *samâdhi*, de pénétrer au plus profond du cœur. Une technique similaire est pratiquée dans les enseignements du christianisme orthodoxe, où la prière du cœur est en usage et où l'accent est mis surtout sur la concentration au fond du cœur. C'est un mode d'identification de soi-même avec un Être extérieur qui nécessite une purification de soi. Tout repose, au fond, sur la croyance qu'on est séparé de Dieu mais qu'il existe encore un lien, qu'on fait toujours partie de Dieu. Ce qui parfois fait naître une confusion qu'il est nécessaire d'éclaircir par un travail intérieur où l'on s'efforce d'élever l'individualité normale au niveau d'une conscience supérieure. On a recours pour cette approche aux sentiments et aux pratiques de dévotion qui visent à établir le contact avec Dieu ou des divinités ou quelque saint particulier. La récitation de mantra peut être également comprise dans ces pratiques de dévotion.

La seconde forme principale de méditation est presque diamétralement inverse dans son approche quoiqu'elle puisse en définitive aboutir aux mêmes résultats. On ne croit ici à rien de haut ni de bas ; ni supériorité ni infériorité. L'idée même de niveaux différents, ou la pensée qu'on puisse avoir à développer un état qui le serait insuffisamment, ne se conçoivent même pas. On n'éprouve pas le sentiment d'être inférieur, et ce qu'on a à réaliser, à atteindre et à accomplir n'est pas quelque chose de plus élevé que soi. Par conséquent la pratique de la méditation ne requiert pas de concentration intérieure sur le cœur. La notion même de centralisation n'existe pas du tout, et même des pratiques comme la concentration sur les *çakra*, ou centres psychiques du corps, sont approchées par une autre voie. Encore que dans certains enseignements du bouddhisme ce concept des *çakra* soit mentionné, les pratiques qui leur sont associées ne se basent pas sur le développement d'un centre intérieur. Aussi cette forme radicale de méditation a-t-elle pour objet d'essayer de voir ce qui *est*. Il existe évidemment de nombreuses variantes de cette forme essentielle de méditation, mais elles reposent généralement sur des techniques différentes pour l'ouverture de soi. Ce à quoi l'on parvient par ce genre de méditation, la « réalisation », n'est par conséquent pas le résultat de quelque pratique ardue et de longue durée, au terme de laquelle nous nous élèverions nous-même à un état supérieur, pas plus qu'elle n'exige qu'on entre dans un quelconque état de transanse intérieure. Elle est plutôt ce qu'on pourrait appeler une « méditation pratique », une méditation agissante ou extravertie, dans laquelle il faut que la sagesse et le savoir-faire (les « moyens habiles » en sanscrit) se combinent comme les deux ailes d'un oiseau. Il n'y est pas question de chercher à se retirer du monde. Le problème n'est pas là, car le fait est que sans le monde extérieur, sans le monde des phénomènes apparents, la méditation serait à peu près impossible à pratiquer, étant donné que l'individu et le monde extérieur ne sont pas séparés mais coexistent simplement. On ne peut par conséquent pas concevoir l'idée d'essayer de communiquer ou de vouloir s'unir avec un Être supérieur.

Ce qui joue un rôle capital pour ce genre de méditation, c'est la mise en œuvre et la pratique constante du concept de « réalité actuelle », de l'idée de l'« instant présent ». Il est en fait l'essence de la méditation. Dans tout ce qu'on fait, dans tout ce qu'on s'efforce de pratiquer, rien ne vise à parvenir à un état supérieur et l'on ne cherche pas non plus à appliquer une théorie ou à se conformer à un idéal quelconque ; on ne fait, tout simplement, que chercher à voir, sans ambition ni autre propos, ce qu'il y a ici et maintenant. On a à se faire attentif, à devenir conscient du moment présent, ce qui se fait méthodiquement par certains procédés comme la concentration sur la respiration, qui est une pratique développée dans la tradition bouddhique. Cette méthode est fondée sur le développement de la connaissance instantanée du moment actuel, car chaque respiration est unique et c'est une expression de *maintenant*. Chaque souffle est séparé du suivant, chaque respiration distinctement perçue est vue entièrement, ressentie, éprouvée entièrement, non pas sous forme de visualisation ou simplement comme appui de concentration, mais comme la chose même dont on est essentiellement et complètement occupé. Tout comme quelqu'un de vraiment affamé, lorsqu'il mange, n'a même pas conscience de ce qu'il est en train de manger tellement la nourriture l'accapare, l'absorbe au point qu'il s'identifie complètement avec ce qu'il fait, devient un avec le goût qu'ont les aliments et la satisfaction qu'ils lui procurent. De même avec la respiration : l'idée tout entière est d'essayer de voir sur l'instant le moment même dans le temps. De sorte que l'on né peut même pas être effleuré, dans ce cas, par la pensée de devenir quelque chose de supérieur et que les opinions n'ont guère d'importance. Les opinions fournissent même une échappatoire, en un sens : elles entraînent une sorte de paresse et obscurcissent la clarté de notre vision. En effet, la clarté de notre conscience est voilée par des notions préfabriquées et ce que nous voyons, nous nous empressons de vouloir le classer dans telle catégorie, le loger dans son trou, ou alors nous tâchons de faire que cela coïncide avec nos idées préconçues. Donc les théories et les concepts — et la théologie en cette matière — peuvent devenir des obstacles.

Mais alors, pourra-t-on demander, pourquoi donc étudier la philosophie bouddhique ? Dans quel but le fait-on ? Il y a les Écritures, et leurs commentaires : il y a donc un enseignement philosophique auquel il faut croire ; ne serait-ce pas là un concept ? — Essentiellement non, quoique cela dépende évidemment des individus. Les concepts, dès le départ, on essaye de les transcender ; on s'applique et l'on s'efforce avant tout, et même d'une manière fort critique, de découvrir *ce qui est.* On doit exercer un esprit critique qui stimulera l'intelligence. On sera peut-être d'abord amené à rejeter ce que disent les maîtres et ce qui est écrit dans les livres ; mais ensuite on commence petit à petit à sentir quelque chose et à trouver quelque chose soi-même. C'est ce qu'on désigne comme la rencontre entre imagination et réalité, où le sentiment de certains mots et concepts coïncide avec la connaissance intuitive, assez vaguement sans doute et d'une manière encore assez imprécise. On ne sait pas trop si ce qu'on est en train d'étudier est juste ou non, mais on a une sorte d'impression générale d'être sur le point de trouver quelque chose. Nul ne peut en réalité commencer par être parfait, mais il faut partir avec quelque chose, et, pour peu qu'on cultive cette aperception de l'intelligence intuitive, alors, petit à petit, progressivement, se développe la réelle *sensibilité* intuitive tandis que graduellement aussi l'élément imaginaire ou hallucinatoire s'éclaircit et disparaît bientôt tout à fait. Cette vague impression de quelque proche découverte devient finalement très claire, si nette qu'il ne subsiste pour ainsi dire plus de doute. Cependant il est possible que même à ce stade on puisse être incapable d'expliquer oralement sa découverte ou d'en coucher sur le papier une description précise, et c'est tant mieux ; car si l'on essayait de le faire, on risquerait de limiter son champ et ce serait dangereux. Comme toutefois ce sentiment grandit et se développe, on parvient finalement, non pas tant à réaliser quelque chose de distinct, de séparé de soi, mais bien à une connaissance directe. Comme dans mon exemple de l'homme affamé, vous devenez et ne faites plus qu'un avec le sujet. Or cela, on ne peut y parvenir que par la pratique de la méditation. Voilà pourquoi la méditation est surtout une affaire d'exercice : c'est une pratique efficace. Il ne s'agit aucunement de pénétrer intimement des profondeurs intérieures, mais de s'élargir au contraire, de s'ouvrir et de s'étendre à l'extérieur.

Telles sont les différences fondamentales entre les deux types de méditation pratiquée. Le premier peut convenir mieux à certains et le second à d'autres, sans qu'il soit question pour l'un ou pour l'autre de supériorité ou de plus grande pertinence. Mais, dans les deux cas, il est indispensable de surmonter et de vaincre d'abord ce grand sentiment d'exigence et d'ambition, qui intervient comme un obstacle majeur, tel qu'attendre quelque chose de quelqu'un comme un guru, lui faire des demandes ou avoir l'ambition d'en tirer profit, d'accomplir quelque chose, cela ne correspond pas à un besoin réel mais à un désir qu'on se fabrique, une prétention ; et cette prétention est une notion centralisée, un point fixe des idées, qui est lui-même essentiellement aveugle. Ce serait la même chose de n'avoir qu'un œil, et que cet œil fût logé au beau milieu de la poitrine : quand vous voulez marcher, ne pouvant plus tourner la tête pour voir à la ronde, vous ne voyez qu'une étendue limitée ; comme vous ne voyez et ne pouvez voir que dans une seule direction, tourner la tête est une intelligence que vous n'avez pas. Et cette intelligence vous manquant, vous êtes en grand danger de tomber. Ainsi cette prétention, ce besoin de quelque chose, est comme un voile et devient un obstacle à la découverte de ce qui est *maintenant*, de l'instant actuel, du présent immédiat, parce que le désir est forcément en dehors de l'instant présent, soit qu'il porte sur l'avenir, soit qu'il veuille continuer une chose du passé. Donc le présent est totalement omis, oublié tout à fait. Qu'on fasse cependant un effort pour se concentrer sur le moment lui-même n'est pas exclu, mais il n'y a guère que vingt pour cent de la conscience qui soit disponible pour le présent alors que tout le reste est dispersé ailleurs, dans le passé ou dans le futur. Et donc, pour voir directement ce qui est ici, maintenant, à présent, la force est insuffisante.

En ceci, également, l'enseignement du non-égoïsme joue un rôle de grande importance. Nier purement et simplement l'existence de l'ego n'est pas une solution : il n'est que relatif. Lorsqu'on conçoit l'existence d'une personnalité extérieure, d'un être suprême ou de n'importe quoi de séparé et distinct de soi, on penche à penser que, puisqu'il y a quelque chose à l'extérieur, puisque quelque chose existe au-dehors, il doit exister aussi quelque chose ici ; et comme le phénomène extérieur peut devenir parfois si impressionnant et nous paraître doué de toutes sortes de qualités séduisantes ou agressives, nous dressons contre lui une espèce de mécanisme de défense sans nous apercevoir qu'il n'est lui-même, ce mécanisme de défense, que le prolongement et la continuation de l'objet extérieur. Nous nous efforçons de nous séparer de l'extérieur, de nous retrancher nous-même de ce qui est au-dehors, ce qui a pour effet de constituer en nous une sorte de gigantesque bulle faite de rien sinon d'air et d'eau, et qui n'est rien d'autre en l'occurrence que la crainte et la réflexion de la chose extérieure. Or cette bulle géante ne laisse pénétrer aucun air frais à l'intérieur : voilà le moi, l'ego. Donc, en ce sens, il y a bien une existence de l'ego, mais illusoire en réalité. Cela fait, on éprouve en général le besoin de créer quelque idole extérieure, ou un refuge. Subconsciemment on sait que ce « moi » n'est qu'une bulle fragile qui peut crever à tout instant, et donc on s'applique à le protéger de son mieux. Et nous sommes effectivement parvenus à une telle habileté dans la préservation de cet ego que nous avons réussi à le conserver des siècles durant. Cela se passe comme pour quelqu'un qui a de très précieuses jumelles de théâtre qu'il garde dans leur étui ou dans toutes sortes de boîtes pour les mettre à l'abri, de sorte que même si d'autres objets sont cassés, celui-là sera garanti. Sans doute estime-t-il les autres objets capables de tenir le coup, de résister aux chocs, mais il sait que celui-là ne le peut pas, et ce sera donc celui-là qui durera le plus longtemps. Il en va de même pour l'ego, et, s'il dure plus longtemps, c'est justement parce qu'on sent qu'il peut à tout moment se briser. Nous avons peur qu'il soit détruit parce que ce serait trop pour nous : nous nous sentirions trop exposé. Quoiqu'il soit en réalité notre propre reflet, son caractère constitue en quelque sorte un modèle fascinant qui existe hors de nous et comme établi à l'extérieur de nous-même. Voilà pourquoi ce concept de non-égocentricité, l'idée de non-ego ne se posent pas réellement comme le problème de savoir s'il y a ou non un « moi », ou bien si Dieu existe ou non en l'occurrence ; il s'agit bien plutôt d'extirper, de supprimer l'idée de la bulle. Une fois que c'est fait, il n'y a plus à détruire l'ego systématiquement et de propos délibéré, on n'a pas à condamner Dieu délibérément. Et lorsque est tombée cette barrière, l'expansion est possible et l'on peut passer outre sans empêchement, directement. Mais cela ne peut être obtenu, on ne peut y parvenir que par la pratique de la méditation, par l'exercice de la méditation qu'on doit aborder de façon très simple et très concrète. Ensuite on peut rencontrer, avec n'importe quel objet, l'expérience mystique de la joie ou de la grâce, quelle que soit cette expérience et quel que soit le nom qu'on lui donne. C'est cela qu'on tâche de réaliser au moyen de *vipashyanâ*, ou pratique de la méditation de contemplation. Une fois que nous avons bien affermi un type fondamental de discipline et que nous avons acquis et développé une manière régulière et habituelle de nous tenir en accord avec la situation — que ce soit par la respiration, la marche ou ce que vous voudrez — alors vient le moment où, à un certain degré, la technique s'efface peu à peu et disparaît. La réalité (ou les choses « telles qu'elles sont ») peu à peu se développe et se déploie, si bien que nous n'avons plus à user de technique du tout. Et, dans ce cas, non seulement la concentration intérieure n'a plus de raison, mais on peut gagner de plus en plus en extension extérieure ; et plus on se déploie en expansion, plus on atteint et mieux on réussit la réalisation de l'existence non centrée.

Tel est le schéma fondamental de ce genre de méditation, qui est basée sur trois facteurs essentiels : premièrement, ne pas se centraliser intérieurement ; deuxièmement, n'avoir pas un désir de devenir supérieur ; et, troisièmement, aboutir à s'identifier complètement avec l'ici et le maintenant. Ces trois éléments ensemble conditionnent rigoureusement de bout en bout la pratique de la méditation, du commencement jusqu'au moment même de la réalisation.

Question. — Vous avez fait état de « l'immédiateté » dans votre exposé, et je me demandais comment il est possible de devenir conscient de l'absolu par la prise de conscience d'un moment relatif dans le temps.

Réponse. — Il nous faut commencer, en effet,

par travailler au moyen de l'aspect relatif, mais l'immédiateté ne tarde pas à revêtir finalement un si vivant caractère, qu'elle ne dépend plus d'un mode relatif d'expression de l'immédiateté. On pourrait dire que *maintenant* existe tout le temps, au-delà du concept de relativité. Mais puisque tous les concepts reposent sur l'idée de relativité, il est impossible de trouver des mots qui aillent par-delà. Donc l'immédiateté est l'unique moyen de voir directement. D'abord parce que c'est entre le passé et l'avenir : maintenant. Ensuite, et graduellement on découvre que l'immédiateté, le pur instant ne dépend pas du tout de la relativité. On découvre que le passé n'existe pas, que l'avenir n'existe pas et que tout arrive maintenant. Il en irait de même, par exemple, si l'on voulait exprimer l'espace : on pourrait avoir d'abord à créer un vase, et ensuite on le briserait, et ensuite on verrait que le vide à l'intérieur du vase est le même que le vide à l'extérieur. Toute la signification de la technique est là. Au commencement l'immédiateté n'est, en un sens, pas parfaite. On pourrait même dire que la méditation n'est pas parfaite : c'est un exercice purement pratique, une pratique purement humaine, voulue. On se tient dans la posture assise et l'on s'efforce d'être calme et de se concentrer sur la respiration, et ainsi de suite. Mais alors, en ayant commencé de cette manière, on en vient petit à petit, graduellement, à découvrir autre chose que cela, quelque chose de plus. Et donc l'effort qu'on a fait pour cela — pour la découverte de l'immédiateté, par exemple — n'aura pas été vain, ne serait pas perdu, gâché, même si par la même occasion l'on s'apercevait que c'était plutôt déraisonnable de le faire ainsi. Seulement voilà, il n'y a pas moyen de commencer autrement.

Question. — En ce qui concerne la méditation, l'étudiant a-t-il à se défaire de l'ego avant de commencer, ou bien cela viendra-t-il de soi-même en cours d'étude ?

Réponse. — Cela se fait naturellement parce que, pour commencer, vous ne le pouvez pas sans ego. Et l'ego n'est pas essentiellement mauvais. Il n'existe pas réellement de bien et de mal où que ce soit ; c'est seulement quelque chose de secondaire. L'ego est une tromperie, en un sens, mais il n'est pas obligatoirement mauvais. C'est avec l'ego que vous avez à débuter et c'est l'ego que vous utilisez d'abord, puis il s'use progressivement comme une paire de chaussures. Mais il vous faut vous en servir à fond, l'user complètement, qu'il ne soit ni ménagé, ni conservé. Autrement, en vous efforçant de repousser l'ego, de le mettre à l'écart et de débuter en étant parfait, il vous sera possible de devenir de plus en plus parfait d'un côté, d'une façon unilatérale plutôt, mais en même temps une même quantité d'imperfection s'accumulera de l'autre côté, exactement comme de faire une lumière intense crée aussi bien des ténèbres intenses.

Question. — Vous avez dit qu'il existait deux formes essentielles de méditation : la pratique religieuse, ou effort pour communiquer avec quelque chose de plus haut, et la seconde qui est simplement conscience de ce qui est ; pourtant cette pratique religieuse joue toujours, elle aussi, son rôle dans le bouddhisme ; et vous avez aussi vos hymnes religieuses, vos chants de dévotion et autres choses de ce genre ; alors je ne comprends pas clairement comment cela intervient, comment les deux coïncident. Je veux dire que je me demande comment peuvent être effectivement combinées deux choses qui semblent être différentes ?

Réponse. — C'est vrai, mais le genre de pratique religieuse qu'on rencontre dans le bouddhisme est tout bonnement un procédé d'ouverture, un processus pour faire capituler l'ego. C'est le processus qui consiste à créer un vase, un contenant. Je ne veux pas dire que je condamne l'autre forme de dévotion, mais pour la prendre du point de vue de quelqu'un qui a une façon maladroite d'employer cette technique, la dévotion devient alors une sorte de besoin sentimental, un grand désir de se libérer soi-même. On se regarde soi-même comme étant très séparé, très isolé, et comme un être emprisonné, imparfait. On se regarde comme fondamentalement mauvais soi-même et l'on s'efforce de s'évader. En d'autres termes, c'est la part d'imperfection qu'on a en soi qui est identifiée avec le « moi », alors que tout ce qu'il peut y avoir de parfait est identifié avec quelque être extérieur, de sorte que tout ce qu'il reste à faire est de tâcher d'échapper à l'emprisonnement, de s'évader de la prison. Une dévotion de cette sorte est une sur-accentuation de la conscience de l'ego, c'est l'aspect négatif de l'ego. Néanmoins il y a dans le bouddhisme des centaines de variétés dans la pratique de la dévotion et on y a de nombreux récits de dévotion à des gurus ou de disciples devenus capables par la dévotion de communiquer avec le guru, de recevoir la transmission et de parvenir à la réalisation de l'éveil mental par la dévotion. Seulement, dans ces occasions et dans tous ces cas, la dévotion a toujours commencé sans centralisation sur l'ego. Dans tout chant ou toute cérémonie, par exemple, où le symbolisme est utilisé (comme dans la visualisation des Bouddhas), avant que soit créée aucune visualisation on procède d'abord à une méditation informelle qui constitue un espace totalement ouvert. Et, à la fin, on récite toujours ce qu'on nomme la Triple Roue : « Moi, je n'existe pas ; la visualisation n'existe pas extérieurement, et l'action de visualiser n'existe pas. » L'idée derrière tout cela est que tout sentiment de réalisation étant rejeté sur l'ouverture, on n'a donc pas plus la sensation que le sentiment de recueillir quelque chose. Je crois que là est le point essentiel. On peut éprouver un grand sentiment de dévotion, se sentir beaucoup de religiosité, mais cette dévotion est en elle-même une sorte de dévotion de forme abstraite qui n'a pas de centre intérieur, qui ne centralise rien au-dedans. On s'identifie simplement avec ce sentiment de dévotion, et voilà tout. Il y a peut-être là une notion différente de la dévotion : celle où aucun centre n'existe, mais où la dévotion seule existe. Alors que, dans l'autre cas, la dévotion contient une demande : il y a une espérance, on s'attend à obtenir d'elle quelque chose en retour.

Question. — Est-ce que cela n'engendre pas une grande frayeur quand on est sur le point de s'ouvrir et de capituler ?

Réponse. — La peur est une des armes de l'ego. Elle protège l'ego. Si l'on atteint le stade où l'on commence à percevoir l'absurdité de l'ego, alors la peur de perdre l'ego est là, et la peur est l'une de ses dernières armes. Au-delà de ce point la peur n'existe plus, parce que l'objet même de la peur est d'effrayer quelqu'un, et lorsque ce quelqu'un n'est pas là, la peur n'a plus de raison d'être, elle perd sa fonction. C'st par votre réponse, comprenez-vous, que la vie est donnée continuellement à la peur, et lorsqu'il n'y a personne pour répondre à la peur — qui est la perte de l'ego — alors la peur cesse d'exister.

Question. — A propos de l'ego, vous vous exprimez comme si c'était un objet ?

Réponse. — Un objet ? Dans quel sens ?

Question. — En tant que partie de l'entourage extérieur.

Réponse. — L'ego, comme je l'ai déjà dit, est semblable à une bulle. C'est un objet jusqu'à un certain point, car, bien que n'existant pas réellement — c'est une chose impermanente —, il se présente effectivement comme un objet et paraît en être un beaucoup plus qu'il ne l'est en vérité. Ce qui est une autre façon de se protéger soi-même, de chercher à conserver l'ego.

Question. — Et c'est là un aspect de l'ego ?

Réponse. — Oui.

Question. — Mais alors il n'est pas possible de détruire l'ego, sinon l'on perdrait aussi la faculté de reconnaître, la puissance de cognition.

Réponse. — Non, pas nécessairement. Et la raison, c'est que l'ego ne contenant pas l'intelligence, il ne contient aucune connaissance du tout. L'ego existe à faux tout le temps et ne peut créer que de la confusion, alors que la connaissance est quelque chose d'autre, quelque chose de plus que cela.

Question. — Diriez-vous que l'ego est un phénomène second au lieu d'être un phénomène premier ?

Réponse. — Il y a beaucoup de cela, oui. L'ego est une sagesse dans un sens, mais il peut tout aussi bien être ignorant. Et, voyez-vous, quand vous vous rendez compte que vous êtes ignorant, c'est le commencement de la découverte de la sagesse : c'est la sagesse même.

Question. — Comment décider en soi-même si l'ego est de l'ignorance ou de la sagesse ?

Réponse. — En réalité ce n'est pas une affaire de

décision. C'est tout simplement qu'on voit dans cette direction, on voit de cette manière-là. Au fond, comprenez-vous, même si nous parlons de l'ego existant comme d'une chose solide qui offre divers aspects, essentiellement il n'y a pas de substance solide. L'ego ne vit effectivement dans le temps que comme un processus continuel de création ; il est perpétuellement en train de mourir et en train de renaître. Donc il n'existe pas réellement. Mais il agit quand même comme une espèce de sagesse : lorsque s'éteint l'ego, alors c'est la sagesse même ; et lorsque l'ego prime, lorsqu'il est formulé en premier, alors c'est le commencement de l'ignorance même. De sorte que la sagesse et l'ego ne sont pas vraiment séparés du tout, en réalité. La chose semble assez difficile à définir, et l'on serait sans doute plus heureux, d'une certaine manière, s'il y avait là un clivage net et bien tranché, noir et blanc, mais ce n'est malheureusement pas la donnée naturelle de l'existence. Il n'existe pas de clivage tranché, de noir et de blanc, et toutes les choses dépendent les unes des autres et sont entre elles solidaires. L'obscurité est un aspect de la lumière, et la lumière est un aspect de l'obscurité ; aussi ne peut-on pas condamner positivement un côté et tout fonder sur l'autre. C'est à chaque individu de trouver sa voie, à chacun de découvrir son propre chemin, et cela, il est possible à chacun de le faire. C'est la même chose que pour un chien qui n'a jamais nagé : qu'on le jette à l'eau brusquement, il sait nager. Nous possédons de même une sorte d'instinct spirituel, et, si nous sommes sincèrement désireux de nous ouvrir, alors nous découvrons d'une manière ou d'une autre, nous trouvons nous-même directement notre voie. Toute la question est simplement de s'ouvrir, c'est uniquement une question d'ouverture et l'on n'a pas besoin du tout d'avoir une définition qui tranche les choses nettement.

Question. — Puis-je vous demander de nous résumer le propos de la méditation, de nous dire en quelques mots quel est son objet, son but.

Réponse. — En somme, la méditation a affaire à son objet même. Non pas qu'on médite pour quelque chose, mais la méditation est en rapport avec le but. D'une façon générale nous ne faisons rien sans intention et, pour tout ce que nous faisons, nous avons un propos : il y a quelque chose qui va se produire dans l'avenir, quelque chose est en train de survenir, donc ce que je fais maintenant est important ; tout est lié à cela. Mais l'idée d'ensemble de la méditation est justement de développer une manière totalement différente d'en user avec les choses, où nous n'avons pas d'intention du tout, pas de but, aucun projet.

En fait, la méditation n'a d'autre objet que la question de savoir s'il existe ou non quelque chose de tel qu'un projet. On ne se trouve pas en route vers quelque part, on n'est pas en chemin vers... ou plutôt si, on est en chemin et l'on est aussi arrivé à destination en même temps. Voilà vraiment pourquoi la méditation est faite, voilà à quoi réellement elle sert.

Question. — Voudriez-vous dire, alors, qu'il y aurait une fusion avec la réalité ?

Réponse. — Oui certes, pour la raison que la réalité est présente tout le temps. La réalité n'est pas une entité distincte, séparée, et la question est donc de devenir un avec la réalité, d'être en réalité — non pas de *réaliser*, d'accomplir l'unité, mais de s'identifier à elle. On est d'ores et déjà une part de cette réalité, alors tout ce qui reste est d'emporter le doute. Puis on s'aperçoit, on découvre qu'on a été là tout le temps.

Question. — Serait-il juste d'en donner comme description que c'est la pleine et concrète intelligence du fait que le visible n'est pas la réalité ?

Réponse. — Le visible ? Pouvez-vous préciser un peu plus ?

Question. — Je songe à la théorie de William Blake sur la fusion de l'observant avec l'observé, et du visible qui n'est pas la réalité du tout.

Réponse. — Dans ce sens, les choses visibles sont la réalité. Il n'y a rien au-delà de l'instant actuel, il n'existe rien par-delà l'immédiateté, donc ce que nous voyons est la réalité. Mais à cause de notre manière habituelle de regarder les choses, nous ne les voyons pas exactement telles qu'elles sont.

Question. — Faut-il comprendre alors que chaque personne doit trouver une voie individuelle vers cela ?

Réponse. — Voilà qui nous ramène, je crois, à la question de l'ego dont nous nous sommes entretenus déjà. Si vous voulez, il existe bien quelque chose comme la personnalité, d'une certaine manière, mais nous ne sommes pas réellement des individus comme entités séparées et distinctes de l'entourage ou des phénomènes extérieurs. C'est pourquoi il est nécessaire d'avoir une approche différente. Tandis que si nous étions réellement des individus et n'avions aucune connexion avec le reste des choses, il n'y aurait nul besoin d'une technique différente qui nous conduirait à l'unité. Le grand point est qu'il y a une apparence d'individualité, mais que cette individualité repose sur la relativité. Où il y a individualité, il faut qu'il y ait unité aussi.

Question. — Oui, mais c'est l'individualité qui tend à l'unité. Si nous n'étions pas des individus, il ne nous serait pas possible de devenir et d'être un. N'est-ce pas cela ?

Réponse. — Disons, si vous voulez, que ce mot d'individu est plutôt ambigu. Que l'accent soit porté sur l'individualité dans les commencements, c'est normal puisque les aspects individuels sont divers. Et même lorsque nous parvenons au stade de la réalisation, il y a peut-être un élément de compassion, un élément de sagesse, un élément d'énergie et toutes sortes de variations différentes. Mais ce que nous entendons par « individu » est quelque chose de plus que cela. C'est plutôt comme un caractère sur quoi sont établies et fondées bien des choses que nous avons tendance à le considérer, et cela, c'est un moyen d'essayer de trouver une sorte de sécurité. S'il y a là de la sagesse, nous voulons aussitôt tout lui faire porter et cela devient une entité complètement séparée, une personne séparée, distincte, alors qu'elle ne l'est pas. Pourtant il y a toujours des aspects individuels, il existe toujours un caractère individuel. Et c'est ainsi que dans l'hindouïsme on rencontre différents aspects de Dieu, des divinités différentes et des symboles différents. Lorsqu'on atteint l'unité avec la réalité, cette réalité n'est pas tout simplement une seule et unique chose, mais on est vraiment capable de regarder et de voir sous un angle très largement ouvert.

Question. — Un étudiant de cœur réceptif et qui voudrait se faire un avec la nature apprendra-t-il par un enseignement comment méditer, ou bien lui faut-il trouver lui-même et développer sa façon particulière ?

Réponse. — La nature ? Dans quel sens l'entendez-vous ?

Question. — S'il voulait vraiment étudier et travailler ainsi, pourrait-il recevoir d'autrui son enseignement ou lui est-il possible de le cultiver et de le développer lui-même ?

Réponse. — Il est pratiquement nécessaire de recevoir une instruction orale, un enseignement oral. Mais encore faut-il qu'il apprenne à donner avant de pouvoir recevoir quelque chose ; il faut apprendre à renoncer. En second lieu, il verra que son intelligence et sa compréhension trouvent une stimulation dans l'idée même de l'enseignement ; et en outre, il évitera aussi que s'amorce, avec sa grande complaisance, le sentiment d'avoir tout fait soi-même, la pensée du *self-made man*, du parvenu.

Question. — Éviter seulement le sentiment d'avoir tout fait soi-même n'est certainement pas une raison suffisante pour qu'on aille recevoir l'enseignement d'un instructeur. Je veux dire que dans un cas comme celui de Ramâna Maharshi, qui a atteint la réalisation sans Maître extérieur, il n'aurait sûrement pas dû aller trouver un guru pour la seule raison qu'il eût pu se monter la tête ?

Réponse. — Non. Mais il est exceptionnel et c'est là ce qui compte. Ce moyen existe, cette voie est possible. Et pour ce qui est de l'essentiel, il n'y a personne qui puisse transmettre ou faire connaître quelque chose à quelqu'un. Découvrir, on a à le faire soi-même. Il se trouve donc des gens, dans certains cas peut-être, qui peuvent faire cela. Mais de tout échafauder sur soi-même est quelque chose qui ressemble assez au caractère de l'ego, ne trouvez-vous pas ? C'est un terrain plutôt dangereux. Comme on a déjà là le concept du « je » et comme alors on cherche à s'appuyer toujours plus sur ce côté-là pour construire, cela peut très facilement devenir une activité de l'ego. Je pense que c'est graduellement qu'on apprend à se défaire, à se rendre, et que cette capitulation de l'ego est vraiment une très grosse affaire. Cela peut avoir l'air tout simple à le dire, mais véritablement et réellement tout est là. Et puis il y a que le Maître est aussi comme une sorte de miroir : il vous renvoie votre propre reflet et vous êtes alors en mesure, pour la première fois, de voir quelle est votre beauté ou quelle est votre laideur.

Peut-être faudrait-il à présent dire quelques mots sur un ou deux petits points touchant la méditation, bien que nous ayons débattu déjà, quant au fond, de la question dans son ensemble.

On ne peut généralement pas enseigner la méditation comme on fait la classe ; des rapports personnels sont indispensables entre Maître et disciple, et il existe, en outre, bon nombre de variations pour chaque technique de base comme, par exemple, la fixation mentale sur la respiration. Mais peut-être pourrai-je vous donner quelques indications rudimentaires sur la manière même de s'y prendre pour méditer, et par la suite, si vous tenez à aller plus loin, je suis certain que vous pourrez le faire et recevoir ultérieurement votre instruction d'un Maître de méditation.

Ainsi que nous l'avons indiqué déjà, cette méditation n'a rien à voir avec les exercices visant au développement de la concentration. Même si un certain nombre d'ouvrages sur le bouddhisme traitent de pratiques telles que *samatâ* comme s'il s'agissait du développement de la concentration, je pense que le terme lui-même prête à confusion et risque d'induire en erreur d'une certaine manière. Ne pourrait-on pas se figurer que la pratique de la méditation est utilisable commercialement, par exemple, et qu'on pourrait user de la concentration pour compter de l'argent ou des choses de ce genre ? Or cette notion de concentration est précisément toute différente et la méditation n'est pas faite pour l'usage commercial, tout simplement. En réalité, voyez-vous, on ne peut pas vraiment se concentrer. Parce que si l'on essaye très sérieusement de se concentrer, on a besoin à la fois de penser qu'on a à se concentrer sur le sujet et besoin d'autre chose pour passer au-delà, pour pousser plus avant. Il y a ainsi deux processus imbriqués, dont le second est comme une sorte de surveillant qui vérifie si vous faites bien ce qu'il faut. Et ce second élément, qui participe intrinsèquement à la chose, doit être supprimé, retiré tout à fait, sinon l'on aboutit à être bien plus conscient et attentif au fait qu'on se concentre, qu'on est réellement en état de concentration. Et cela devient un cercle vicieux. Par conséquent, on ne peut pas exercer seul et développer seul la concentration tant qu'on ne fait pas disparaître la surveillance centralisée, l'effort qui veille à bien faire — qui n'est pas autre chose que l'ego. Dans la pratique de *samatâ*, la conscience qu'on prend de la respiration ne correspond pas à une concentration sur elle. Ceci est un point.

Pour ce qui est de la position à adopter, je dirai que la posture avec jambes croisées est celle qui est universellement adoptée en Extrême-Orient, et, si l'on est capable de s'asseoir dans cette position, il est préférable de le faire. On peut alors s'entraîner soi-même et s'installer n'importe où pour la méditation, fût-ce en plein champ, et l'on n'a pas besoin de se sentir installé sur quelque siège ni de chercher quelque chose pour s'asseoir. En outre, la position du corps, la posture physique, a effectivement une certaine importance. Si l'on s'allonge, par exemple, on peut avoir tendance à s'assoupir, et, si l'on reste debout, l'envie de marcher peut venir. Néanmoins, pour ceux qui trouvent pénible ou difficile de s'asseoir les jambes croisées, s'asseoir sur une chaise va aussi bien. D'ailleurs cette posture (assis sur une chaise) figure bel et bien dans l'iconographie bouddhiste et s'appelle l'*asâna Maïtreya*. Elle est donc parfaitement acceptable. Ce qui compte est d'avoir le dos bien d'aplomb (donc de tenir bien droite la partie supérieure du corps) de façon que la respiration se fasse sans aucune gêne. Quant à la respiration elle-même, comme nous venons de le dire, ce n'est pas une question de concentration mais un effort d'identification : il s'agit d'essayer de devenir un avec le sentiment qu'on respire, avec la sensation du souffle. Au commencement, cela réclame un certain effort, mais après qu'on a pratiqué un peu de temps, l'attention reste simplement fixée sur la frange du mouvement respiratoire et la conscience le suit tout naturellement sans qu'on ait besoin de veiller mentalement à obéir à la respiration. On tâche de « sentir » le souffle — expiration, inspiration, expiration, inspiration — et, comme il se fait généralement que l'expiration est plus longue que l'inspiration, cela vous aide à prendre conscience de l'espace et de l'expansion du souffle au-dehors.

Il est aussi très important de veiller à ne pas devenir solennel ou emphatique, d'éviter l'impression de prendre part à quelque rituel particulier. On doit rester parfaitement naturel et spontané, et simplement essayer de s'identifier soi-même avec la respiration. C'est tout ce qu'il y a à faire et il n'y faut rien mettre de plus ; aucune participation n'y est offerte aux idées, à l'introspection, à l'analyse. Lorsque surgissent des pensées, il n'y a qu'à les observer *comme pensées* au lieu d'en suivre le sujet ; les regarder au lieu de dépendre d'elles. Car d'habitude, avec nos idées, il se fait que nous ne nous rendons pas compte du tout que ce sont des idées. Imaginons quelqu'un en train de songer à la promenade qu'il fera au prochain jour férié : il est tellement plongé dans ses pensées que c'est presque déjà comme s'il y était, et il n'a même pas conscience que ce ne sont que des idées. Alors que si l'on s'aperçoit au contraire que c'est purement et simplement en pensée qu'on s'est fait cette représentation, on commence à s'apercevoir aussi que cela présente une moindre qualité réelle. Il ne faut pas essayer de supprimer les pensées dans la méditation, mais il faut essayer simplement de voir leur nature transitoire, la nature translucide des pensées. Ne pas se laisser prendre par elles, ne pas les rejeter non plus, mais les observer au passage, tout simplement, et puis revenir à la conscience de la respiration. La grande chose est, somme toute, de cultiver l'acceptation de tout ce qui se présente et ainsi n'aura-t-on pas à discriminer ou à être pris dans quelque lutte que ce soit. Voilà quelle est la technique essentielle de la méditation ; c'est quelque chose de parfaitement simple, de direct. Il ne doit y avoir aucun effort délibéré, aucune tentative de contrôle et l'on n'essayera pas non plus d'être serein. C'est pourquoi l'on se sert de la respiration. Il est facile de se sentir respirer et l'on n'a nul besoin d'être conscient ou d'essayer de faire quelque chose. La respiration est là tout simplement, disponible, accessible, et tout ce qu'il y a à faire, c'est de la ressentir. Telle est la raison qui fait qu'il est important de commencer avec la technique. C'est le moyen premier qui permet de partir, de commencer, mais en général cela se continue et se développe à sa propre manière. De temps à autre on s'aperçoit qu'on s'y prend un peu différemment, que lorsqu'on a commencé, et que cela s'est fait tout spontanément. Aussi ne peut-on pas parler de technique avancée ou de technique de débutant. Non. Il y a là tout simplement une croissance et un développement progressifs. Voilà tout.

7

La sagesse

Prajñâ. La sagesse. Mais le sens de ce mot est peut-être un peu différent en français. Par contre le mot de la langue tibétaine, *sherab* (ou *çêrab*) a une signification précise : la première syllabe (she) signifie connaissance, et la seconde (rab) est le suprême, le primordial ; donc c'est la connaissance par excellence, la connaissance de principe, essentielle, la plus haute connaissance. Ainsi *sherab* n'est pas un savoir spécialisé, une science particulière dans un quelconque sens technique ou pédagogique de compétence et de connaissance en matière de théologie bouddhique, ou pour faire certaines choses, ou concernant l'aspect métaphysique de l'Enseignement. La connaissance dont il est question ici veut dire qu'on a la science et l'intelligence de la situation, l'intelligibilité plutôt que du savoir concret. C'est un savoir sans « moi » savant, un état de connaissance non centré sur la conscience qu'on a soi-même de savoir, de connaître, laquelle est directement liée à l'ego. Cette connaissance, donc, *prajñâ* ou *sherab*, est à la fois de vaste envergure et de profonde perspective, tout en étant cependant d'une acuité, d'une pénétration et d'une exactitude stupéfiantes, aussi coïncide-t-elle parfaitement avec tous les aspects différents de notre vie. Le rôle qu'elle joue, par conséquent, la part qu'elle prend dans notre développement est d'une très grande importance, tout comme celle d'*upâya*, la méthode, c'est-à-dire le jeu des « moyens habiles » pour s'ajuster aux situations et réagir de la juste manière. Ces deux qualités, effectivement, *prajñâ* et *upâya*, sont quelquefois comparées aux ailes d'un oiseau. On rencontre aussi *upâya*, dans les Écritures, comparée à une main à cause de son habileté et de son adresse, et *prajñâ*, décrite comme un fer de hache pour son tranchant aiguisé et sa force de pénétration. Sans la hache, il serait impossible de couper du bois ; on se blesserait la main et rien de plus. On peut aussi posséder les moyens habiles sans être en mesure d'en tirer effet. Mais si l'on a aussi *prajñâ*, qui est comme un œil ou comme la lumière, alors on est capable d'agir avec convenance et habileté. Sinon les moyens habiles risquent de devenir une absurdité, car il n'y a que le savoir qui rende sage. *Upâya* par soi-même peut donner le plus grand des fous, étant donné que tout serait encore et toujours basé sur l'ego. Dans une certaine mesure et jusqu'à un certain point saurait-on, sans doute, envisager la situation et nous y conformer en partie, mais on ne la verrait certes pas clairement, ni sans être affecté par le passé et le futur, et son immédiate actualité nous échapperait forcément.

Mais peut-être ferions-nous bien d'examiner comment développer cet état de connaissance avant d'entrer dans plus de détails. Il y a trois méthodes pour cultiver *sherab*, désignées en tibétain sous les noms de *töpa*, *sâmpa* et *gompa*, et toutes trois sont nécessaires. *Töpa* veut dire étudier le sujet, *sâmpa* signifie réfléchir là-dessus, le contempler, et *gompa* veut dire qu'on médite et développe *samâdhi* par ce moyen.

Premièrement donc, prenons *töpa* — l'étude —, généralement associée à la connaissance technique, à l'intelligence des Écritures et aux choses de ce genre. Mais, comme nous l'avons déjà remarqué, la connaissance véritable est tout autre chose et va bien au-delà de ce savoir technique. Et ce qu'il faut avant tout pour *töpa*, condition première, c'est l'exercice et le développement d'une manière de courage, d'une sorte de bravoure ; on a à devenir un grand guerrier. Nous avons déjà fait allusion à cette notion, mais peut-être ferions-nous aussi bien de voir cela de plus près. Lorsque le vrai guerrier va au combat, il ne s'embarrasse pas de son passé et ne se préoccupe pas plus des rappels et des souvenirs de sa grandeur ou de sa puissance d'hier qu'il n'est préoccupé des suites et conséquences que cela aura dans l'avenir ni de pensées de victoire et de défaite, ou de souffrance et de mort. Le plus grand guerrier se connaît lui-même et a grande confiance en lui-même. Il est absolument conscient de la présence de son adversaire. Il est parfaitement ouvert et a une pleine et entière connaissance de la situation sans y mêler de considérations touchant le bien et le mal. Il ne pense pas en ces termes, et ce qui fait qu'il est un grand guerrier, c'est justement qu'il n'a pas d'opinion, qu'il ne porte pas de jugements catégoriels : il est absolument lucide et attentif, tout présent et conscient. Ses adversaires, par contre, restant pris émotivement dans la situation, ne seront pas en mesure de lui faire face parce qu'il est tout entier dans son action efficace et sincère, parce qu'il passe à travers leur crainte et qu'il peut attaquer l'ennemi utilement, avec effet. Ainsi donc *töpa* : l'étude et la compréhension, requiert la qualité d'un vrai guerrier. On doit travailler à développer une connaissance théorique sans avoir le moindre souci de l'avenir ni le moindre intérêt pour le passé, sans en être occupé du tout. Comme nos propres théories peuvent d'abord nous venir en lisant des livres, nous ne devons donc ni négliger la lecture ni l'étude, qui ont grande importance et sont susceptibles de nous fournir des inspirations. Seulement il y a aussi que les livres peuvent également devenir un moyen d'évasion, un moyen de sortir de la réalité ; ils peuvent nous servir de prétexte, voire d'excuse pour ne pas véritablement faire un effort personnel ni réellement examiner nous-même les choses en détail. Lire et se nourrir ont pas mal de ressemblance. On mange par besoin organique jusqu'à un certain point, mais au-delà de ce point c'est pour le plaisir qu'on le fait, parce qu'on aime le goût de ce qu'on mange ou peut-être simplement pour passer le temps, que ce soit au petit déjeuner, aux repas de midi ou du soir, ou même à l'heure du thé. Dans l'exercice de *sherab*, il est clair qu'il ne faut pas lire uniquement pour accumuler des informations. On doit lire avec une grande ouverture d'esprit, sans faire de jugements, et s'efforcer uniquement de recevoir. Par comparaison, on évoque parfois l'image d'un enfant dans un magasin de jouets. Il est si vivement intéressé par tout ce qu'il voit dans la boutique qu'il se fait un avec chacun des jouets et qu'il a la plus grande difficulté, finalement, à décider lequel il veut acheter. Il perd jusqu'à la notion même d'une opinion à avoir, l'idée même du choix à faire ; il est incapable de se dire ; « je veux celui-ci, je ne veux pas celui-là ». Il est si passionnément un avec chacun des jouets qu'il ne peut tout simplement pas prendre de décision. Eh bien ! c'est ce qu'il faut faire pour apprendre par l'étude, sans nulle opinion du genre : j'aime ceci, je n'aime pas cela ; uniquement en recevant, en acceptant les choses — non pas parce que cela se trouve dans les Écritures ou parce que tel Maître l'affirme et que vous dussiez l'admettre comme venant d'une « autorité », ni non plus parce que vous n'avez pas droit à la critique, mais pour le recevoir sans obstacle et par pure ouverture. Par conséquent lisez et étudiez, et tirez-en une sorte d'inspiration. Vous pouvez obtenir beaucoup, gagner beaucoup à la lecture de toutes sortes de livres, mais il y a une limite : lorsque vous avez fait naître une sorte d'inspiration générale et que vous vous sentez une certaine confiance en vous-même, le moment est venu et vous devez cesser la lecture.

C'est là le premier stade de *töpa*, où se cultive et se développe la théorie. Et il arrive fréquemment qu'à un certain point, cette théorie apparaît et se présente sous l'aspect de l'expérience, et qu'on peut avoir l'impression d'être parvenu à un état d'extase spirituelle ou d'illumination. Alors on brûle d'enthousiasme et l'on a presque le sentiment d'avoir vu la Réalité absolue. Qui sait même si l'on ne se mettra pas à écrire de grands essais sur le sujet, tant on est transporté d'enthousiasme ! A ce stade, toutefois, il convient de rester extrêmement prudent et il faut veiller avec attention à ne pas trop s'exalter dans la croyance qu'on a fait quelque merveilleuse et nouvelle découverte. L'élan d'enthousiasme qui s'attache à la chose ne doit pas être trop excessif, car ce qui compte avant tout, c'est la mise en application pratique de votre connaissance, comment l'utiliser effectivement, faute de quoi vous seriez comme un mendiant qui vient tout juste de trouver un plein sac d'or. Sa découverte l'enivre et le subjugue parce que dans son esprit l'or est vaguement associé à l'idée de manger. Mais il ne sait pas comment l'employer utilement en vendant et en achetant, il ne sait pas comment opérer dans le domaine des transactions afin d'obtenir concrètement de la nourriture. Il ignore comment faire pour avoir réellement de quoi manger. Et comme il n'a jamais eu rien à faire de ce côté-là, cela représente plutôt un problème. De même aussi ne doit-on pas s'emballer sur sa découverte, ne pas se laisser enflammer mais se refréner au contraire, quand bien même cette expérience serait encore plus excitante que la véritable réalisation, au stade où est atteint l'état de Bouddha. Ce qui fait la difficulté, c'est que si l'on est porté à surestimer cette connaissance et si l'on cède à l'enthousiasme, on s'interdit par là même de dépasser le dualisme, d'aller plus loin que la façon dualiste de considérer la situation. La trop grosse importance qu'on attache à ce qu'on a soi-même accompli entraîne comme conséquence que cette excitation demeure toujours fondée sur l'ego. On doit donc se conduire adroitement, se comporter avec habileté vis-à-vis d'elle, voire appliquer *sherab*, user de sagesse pour affronter la situation. C'est pourquoi, ce qu'on a découvert doit être mis immédiatement en action, utilisé pratiquement sans aucun délai. Il ne faut pas que ce soit comme un jouet pour simplement parader et se vanter devant les autres ; et il ne faut pas non plus qu'on s'y complaise passionnément, mais seulement qu'on en use quand le besoin s'en fait sentir.

Il va de soi que cette connaissance théorique est fort intéressante. On peut en parler à n'en plus finir et ce ne sont certes pas les mots qui manquent, ni l'immense plaisir qu'on trouve à tout raconter à d'autres à son propos ! On peut passer des heures et des heures à discuter, à argumenter, à essayer de démontrer sa théorie et à prouver sa validité. On ira même jusqu'à faire du prosélytisme et à vouloir convertir autrui à sa théorie personnelle, tant on en est imbu.

Pourtant ce n'est jamais encore que de la théorie. Et c'est de là qu'on passe à *sâmpa*, qui est une méditation de réflexion, la reconsidération du sujet par la pensée, sa réestimation en quelque sorte. *Sâmpa* n'est pas la méditation entendue comme un exercice de développement mental, c'est proprement un retour de la pensée sur le sujet, sa réflexion et sa digestion intérieure pleine et entière. En d'autres termes, ce qu'on a appris par l'étude n'est pas encore suffisamment développé intérieurement pour qu'on sache en user directement, l'appliquer concrètement aux choses courantes de la vie. Supposons, par exemple, qu'on soit en train de parler de sa grande découverte quand survient quelque incident, n'importe quel accident, disons que le lait sur le feu se mette à bouillir et déborde. Cela pourrait n'être rien, en somme, que de très ordinaire, mais voilà soudain que cela semble bouleversant et terrible d'une certaine manière. Et la transition, pour passer du sujet dont on discutait au lait qu'il faut surveiller, est simplement trop grande : d'un sujet si élevé à une occupation si terre à terre, il y a un tel écart qu'on trouve très difficile, sinon impossible, d'employer sa connaissance à un si bas étage. Alors on est choqué par ce brusque contraste, tout ébranlé, et c'est soudain comme si le courant était coupé, et voici qu'on retombe au niveau ordinaire de l'ego. Ainsi, dans ce genre de situations, il existe un gouffre entre les deux choses, un écart entre les deux plans, qu'il nous faut apprendre à franchir, ou plutôt à supprimer afin de maintenir le contact avec la vie de tous les jours et faire en sorte qu'il y ait identification entre nos actes et ce que nous avons appris sur la voie de la sagesse et de la connaissance théorique.

Notre théorie, bien sûr, est quelque chose qui va bien au-delà d'une simple théorie ordinaire qu'on pourrait se confectionner mathématiquement pour produire une solution pratique. On s'y trouve impliqué et l'on y éprouve une grande chaleur de sentiment. Mais il n'empêche que c'est seulement de la théorie, et que c'est justement pourquoi on trouve difficile de la mettre en application, de la traduire en efficacité pratique. Lorsque vous ne faites qu'y penser, il semble bien que cela soit vrai, que cela mène à quelque chose, et pourtant cela reste immobile, statique. On a donc à y réfléchir, et c'est là que *sâmpa*, la méditation de réflexion, est rendue nécessaire pour la double raison qu'on a besoin de calmer son enthousiasme initial après la découverte et qu'il nous faut trouver le moyen de rattacher à nous-même d'une façon pratique cette connaissance nouvellement découverte.

Supposons, par exemple, que vous soyez tout simplement chez vous, en famille, en train de prendre le café. Tout est normal et vous vous sentez parfaitement bien à l'aise, détendu et satisfait. Comment, je vous le demande, faire un lien entre votre découverte enthousiasmante d'une connaissance transcendante et la situation dans laquelle vous vous trouvez à ce moment-là, avec les sentiments et l'atmosphère de ce moment-là ? Comment peut-on user de *sherab*, mettre en application la sagesse dans un cadre comme celui-là et dans le climat particulier de cet entourage ?

On a l'habitude, bien sûr, d'associer la sagesse à une activité toute spéciale et de rejeter immédiatement la situation dans son actualité présente. On pense volontiers : « C'est bon, mais tout ce que j'ai fait jusqu'à maintenant n'est pas *vraiment* la chose elle-même, et donc, ce qu'il me faut, c'est partir d'ici pour aller dans tel ou tel endroit. Pour pratiquer, pour digérer ma connaissance, je dois aller dans les déserts ou les solitudes, me retirer dans un monastère tibétain ! » Il y a pourtant là quelque chose qui cloche et ce n'est pas entièrement juste ni tout à fait exact, puisque tôt ou tard il vous faudra revenir dans cette même rue, au milieu de ces mêmes gens auxquels vous êtes habitués, et parce que la vie de tous les jours continue et se poursuit sans cesse et qu'on ne peut s'en évader. Aussi est-ce le premier point, qu'on ne doit pas essayer de changer la situation ; réellement, c'est impossible. Puisque vous n'êtes pas un roi, qui n'a qu'à donner un ordre pour empêcher les choses de se faire, vous ne pouvez agir que sur ce qui vous est le plus proche, c'est-à-dire vous-même. Vous disposez toujours d'un certain capital de liberté apparente pour prendre des décisions, c'est vrai, et vous pouvez décider de partir. Mais ce n'est en réalité qu'une autre façon d'essayer d'arrêter le monde, bien que tout dépende en fait de votre attitude. Si vous le faites uniquement dans la pensée d'apprendre un peu plus de choses et non pas avec l'idée de rejeter votre entourage, c'est excellent. Mais où le problème commence, c'est du fait qu'on veut s'en aller loin après tel incident particulier où les choses apparaissent soudain contraires et déplaisantes, et qu'on ait l'idée que si seulement on se trouvait ailleurs, dans un autre milieu ou une autre situation spécialement convenable, on verrait tout cela clairement ! Or ce n'est là qu'une simple dérobade : une façon de remettre les choses au lendemain. Ce qui ne servira à rien du tout.

Cela ne veut évidemment pas dire qu'il ne faille pas fréquenter un centre de méditation pour étudier, ou qu'on ne doive pas faire retraite pour un temps ; mais il faut que ce ne soit pas en essayant d'échapper. Encore qu'on soit, en un tel lieu, mieux en état de s'ouvrir soi-même, cela ne signifie pas que la situation extérieure puisse vous rendre, à elle seule, capable de changer et de vous développer. Il ne faut pas s'en prendre à ce qu'on a autour de soi ; il ne faut pas s'en prendre aux autres ; il ne faut pas s'en prendre aux conditions extérieures : il ne faut pas vouloir changer quoi que ce soit mais simplement y entrer et s'efforcer de voir, d'observer. Voilà ce qu'est réellement *sâmpa*, ce qu'est réellement la réflexion sur le sujet. Et lorsqu'on est capable de vaincre la disposition romanesque et sentimentale, on découvre la vérité même dans un évier de cuisine. Toute l'affaire est donc de ne pas rejeter, mais de se servir de l'instant même, quelle que puisse être la situation, et de l'accepter, de l'admettre et de le respecter.

Si vous pouvez être aussi ouvert que cela, vous apprendrez à coup sûr quelque chose ; c'est infaillible et cela peut être garanti, non pas sur l'autorité que je pourrais avoir pour l'affirmer, mais parce que c'est un fait. L'expérience l'a vérifié pendant des milliers d'années et tous les grands adeptes du passé l'ont pratiqué et démontré. Tous en témoignent et le prouvent. Ce n'est pas quelque chose qui a été accompli seulement par Bouddha lui-même, mais toute une longue tradition de grands maîtres n'a cessé de l'expérimenter, de l'examiner, de l'étudier et de l'éprouver, exactement comme l'or est purifié par le long procédé du battage, du martelage et de la fonte au feu. Et encore n'est-ce pas suffisant pour qu'on l'admette d'une autorité quelconque. Il faut y aller voir soi-même. Donc, la seule chose à faire est de passer à la pratique et de se mettre à réfléchir, à méditer au sujet de *prajñâ*, qui est de toute importance à présent, puisque *prajñâ* seule peut nous délivrer de l'égocentricité, de l'autocentralisation, de l'ego. Les enseignements sans *prajñâ* nous ligoteraient toujours en ne faisant rien de plus qu'ajouter encore au monde de samsâra, au monde de la confusion. Pratiquerait-on même la méditation, ou lirait-on les Écritures, ou assisterait-on aux cérémonies, sans *prajñâ*, il ne saurait y avoir de libération et l'on serait incapable sans elle, de voir la situation clairement. Ce qui revient à dire que sans *prajñâ*, on prendrait un mauvais point de départ puisqu'on commencerait en se disant qu'on voudrait bien parvenir à ceci ou cela et que, l'ayant appris, on sera si heureux !

A ce stade, *prajñâ* est une vision critique, une perspicacité qui est à l'opposé de l'ignorance, de la méconnaissance de notre vraie nature. On a souvent représenté l'ignorance sous la forme symbolique d'un porc, parce que le porc ne tourne jamais la tête et renifle toujours droit devant soi, le groin au sol, mangeant tout ce qui se présente. Et c'est bien *prajñâ* qui nous met en mesure de ne pas absorber tout ce qui se présente, tout bêtement, mais de le considérer d'un œil critique, de le voir avec perspicacité.

Pour finir nous parvenons à *gompa*, la méditation proprement dite. En premier lieu nous avions la théorie, ensuite la réflexion recueillie, et maintenant c'est la méditation dans le sens de *samâdhi*. Le premier degré de *gompa* consiste à se demander à soi-même « qui suis-je ? » Encore que ce ne soit pas réellement une question, mais bien plutôt l'énoncé d'un fait positif, puisque le « qui suis-je ? » contient lui-même sa réponse. Ne pas commencer à partir du « je » pour désirer ensuite accomplir quelque chose, tout est là. Commencer directement et entrer dans le vif du sujet. Voilà. Autrement dit, on commence la méditation réelle sans se proposer un but quel qu'il soit, sans cette idée du « je » veux arriver à. Du moment qu'on ne sait pas « qui suis-je ? » si, de fait, on ne le sait pas, on ne commencera pas à partir du « je », et c'est même au-delà de ce point qu'on commence à apprendre, à étudier. Il reste tout simplement à partir tout droit dans *ce qui est*, dans le sujet même qui n'est pas du tout le « je suis », mais bel et bien ce qui *est*. Aussi va-t-on tout droit vers cela, directement à ce « est ».

C'est peut-être un peu vague et mystérieux en apparence, à votre avis, mais cela tient à ce que ces mots ont été trop employés par trop de gens. On s'y perd. Aussi doit-on s'efforcer de clarifier en se l'appliquant à soi-même. Le grand point, c'est avant tout de ne pas penser en termes de « moi », de « je ». Il est essentiel de ne pas se dire : « je veux réaliser ». Dès lors qu'il n'y a personne pour accomplir la réalisation, et comme nous n'avons jusqu'à présent même pas saisi cela, nous ne saurions vouloir, ni même essayer de préparer quoi que ce soit pour plus tard.

On raconte au Tibet l'histoire d'un voleur qui était un grand idiot. Il avait volé un gros sac d'orge, un jour, et se sentait très content de lui. Alors il suspendit le sac au-dessus de son lit en l'attachant à une poutre du plafond, car il pensait qu'ainsi il serait à l'abri des rats et autres bêtes intéressées. Mais un rat très malin réussit à trouver le moyen d'y arriver. Pendant ce temps, notre voleur songeait et se disait : « Parfait, parfait ! Cet orge, je vais le vendre à quelqu'un maintenant, à mon voisin peut-être, juste la porte à côté, et j'en tirerai quelques pièces d'argent, ma foi. Ensuite je pourrai acheter quelque chose, et puis le revendre avec bénéfice. En continuant de la sorte, je serai bientôt riche, vraiment riche, et je pourrai me marier et avoir mon foyer. Après cela je puis avoir un fils. Oui certainement que j'aurai un fils ! Bon. Et maintenant quel est le nom que je lui donnerai ? » Il en était là de ses pensées quand il vit la lune apparaître et briller jusque sur son lit. « Dawa ! s'exclama-t-il, je l'appellerai Dawa ! » (C'est le mot tibétain pour la lune.) Au même instant, le rat finissait juste de ronger la corde du sac, qui tomba sur le voleur et le tua.

De même pour nous, qui ne savons même pas répondre au « qui suis-je ? » et qui sommes comme le voleur qui n'avait pas eu de fils : il est vain d'explorer le détail de pareilles imaginations et nous ne devons pas nous perdre à de telles fantaisies. Nous devons commencer sans espérer aucune espèce de récompense ou de rétribution ; il ne doit y avoir de notre part aucun effort de réalisation, aucune tentative ni intention d'accomplir quoi que ce soit. Mais alors, pensera-t-on, s'il n'y a pas d'objectif précis, si l'on ne vise rien et s'il n'y a rien à atteindre, ce doit être assez ennuyeux et lassant ? Est-ce que ce n'est pas un peu comme de n'être nulle part ? — Justement, c'est toute l'affaire en entier. Voyez-vous, d'habitude nous faisons les choses pour une raison, parce que nous voulons accomplir, réaliser quelque chose ; nous ne faisons jamais rien sans penser *parce que*. On part en congé *parce qu*'on veut se détendre, se reposer ; on va faire ceci ou cela *parce qu*'on croit que ce sera amusant, intéressant, utile, etc. Chacun de nos gestes, chacun de nos actes, chacun de nos pas : tout est conditionné de la sorte par l'ego. Rien ne se fait jamais sans que cela se rapporte directement à cette illusoire notion du « moi », de ce « je » qui n'a même pas pu être questionné. C'est autour de cela que tout est construit, et tout commence toujours avec un *parce que*, un *pour*, un *à cause de*. Aussi est-ce là toute la question. Méditer sans objet, sans intention ni projet peut sembler ennuyeux, mais la vérité est que nous n'avons pas le courage de nous y risquer pour voir ce que cela donne, pas assez de courage pour essayer tout simplement. Et ce courage, d'une manière ou de l'autre, il faut qu'on l'ait. Puisqu'on y a de l'intérêt et puisqu'on désire progresser et aller plus loin, le mieux serait et mieux vaudrait le faire bien, donc ne pas partir sur plusieurs sujets, mais commencer avec un seul et s'en occuper à fond. On peut avoir l'impression que ce n'est pas intéressant, il se peut que cela ne soit pas continuellement enthousiasmant, mais l'enthousiasme n'est pas tout, l'excitation n'est pas la seule chose à en tirer, et il faut aussi user de patience. On doit être disposé à prendre sa chance et, dans ce sens, faire preuve de force de volonté.

On doit aller de l'avant sans peur de l'inconnu, et pour peu qu'on avance un rien de plus, on s'aperçoit qu'il est possible de commencer sans « parce que », sans avoir dans l'idée de réaliser quelque chose, sans du tout se mêler de l'avenir, sans anticiper. Il ne faut pas construire de châteaux en Espagne, échafauder toutes sortes de fantaisies sur l'avenir, qui doit seulement servir d'élan à chacun, de source d'encouragement ; mais on doit toujours s'efforcer d'avoir le sentiment réel du moment présent. Ce qui est dire que la méditation ne peut utilement être pratiquée et mise en œuvre que si elle n'est pas conditionnée par l'une quelconque de nos motivations habituelles et normales, que si elle n'est pas faite comme nous faisons toutes choses. Il faut pratiquer la méditation uniquement pour elle-même, directement, sans idée aucune sur l'avenir, sans en attendre quoi que ce soit, sans rien juger en fonction du futur. Tout simplement y plonger. Sauter le pas et plonger dedans sans regarder derrière soi. Ne s'occuper que de la technique et de rien d'autre au départ. Commencer avec la technique sans nulle arrière-pensée. Mais les techniques varient énormément, se nuancent et se diversifient beaucoup, puisque cela dépend du caractère de chaque individu ; et, par conséquent, il n'est pas possible de suggérer une technique en général. Il n'en existe pas et ce sont toujours des cas particuliers.

Ces techniques, ce sont les méthodes grâce auxquelles la sagesse, *sherab*, peut se développer. Or la sagesse voit si loin et si profondément qu'elle regarde avant le passé et après l'avenir. En d'autres termes, la sagesse débute sans faire la moindre erreur, sans commettre la moindre faute, parce qu'elle a une vision si claire de la situation. Aussi devons-nous pour la première fois nous mettre à envisager des situations et à nous conduire avec elles sans commettre la faute aveuglante de partir du « moi » — qui n'existe pas. Et, ce premier pas étant fait, nous aurons désormais une vision intuitive plus profonde et nous ferons de nouvelles découvertes, parce que pour la première fois nous regarderons dans une sorte de nouvelle dimension, où l'on s'aperçoit qu'on peut parfaitement se trouver au résultat final en même temps, en fait, qu'on est en train de s'avancer sur le chemin qui y mène. Chose qui n'est possible que lorsqu'il n'y a pas de « je », pas de « moi » au départ, et lorsque rien n'est attendu. C'est sur ce terrain qu'est fondée et que repose toute la pratique de la méditation. Et là vous pouvez voir, maintenant, vous pouvez comprendre très clairement que la méditation n'est pas une démarche pour s'évader de la vie, que ce n'est pas plus la recherche d'un état d'âme utopique qu'une question de gymnastique mentale. La méditation consiste seulement à s'efforcer de voir *ce qui est*, et il n'y a rien de mystérieux là-dessous. On a donc à simplifier toute chose en la ramenant directement et radicalement à l'immédiate et actuelle pratique de ce qu'on est en train de faire, sans nulle espérance ni attente, sans jugement ni opinion. Ne se faire non plus aucune idée de quelque combat que ce soit contre le « mal » ou pour le « bien ». En même temps, il ne faut pas qu'on se sente contraint à penser comme un être limité, qui aurait à exclure toute idée ou pensée se rapportant au « moi », parce qu'on se confinerait alors dans un espace si étroit que cela reviendrait à tomber dans une forme extrême et excessive de discipline, de *shîla*.

Essentiellement, il y a deux stades dans la

pratique de la méditation. Le premier consiste à se discipliner soi-même pour obtenir, accroître et assurer le point de départ initial de la méditation, et pour cela on utilise certaines techniques telles que celle de la respiration. Au second stade, on surpasse la technique et l'on aperçoit ce qu'il y a derrière cette technique, que ce soit celle de la respiration ou toute autre, et l'on procède à un développement de l'approche, au moyen et à travers la technique, de la véritable réalité qui est là, actuelle, avec une sorte de sentiment par lequel on devient et on ne fait plus qu'un avec le moment présent.

Encore une fois, il se peut qu'on trouve cela assez vague. Mais je crois qu'il vaut mieux que cela reste ainsi, car je suis convaincu qu'il ne sert à rien de généraliser, et que cela ne peut aider personne, en tout ce qui concerne les détails proprement dits de la méditation. Les différentes techniques ou leurs nuances se trouvant être strictement commandées par les besoins personnels de chaque individu, c'est uniquement en particulier qu'il est possible d'en discuter. On ne peut pas faire une classe de méditation pratique.

Postface

La lecture de ces causeries et entretiens terminée, certains s'imagineront qu'il n'est guère difficile de suivre la voie du bouddhisme et que celui-ci n'offre aucun mystère... Si l'auteur s'est efforcé d'exposer à ses auditeurs, dans un langage qui leur était accessible, une doctrine qui, dès l'origine, mit l'accent sur l'expérience, que l'on ne se méprenne pas ! On peut approcher le bouddhisme par la pratique et quelques « vues justes ». Ensuite, parfois, mais fort rarement en fait, s'ouvriront les abîmes métaphysiques que le profane n'entreverra que durant « l'instant d'un coup d'œil jeté par la fenêtre sur un cavalier passant au galop » suivant l'expression d'une de ses écoles chinoises.

Rien n'est plus malaisé à saisir que le bouddhisme dans son essence et Chögyam Trungpa, lama authentique, appartient à l'une de ses branches les plus originales. La symbiose entre la religion autochtone des tibétains, pleine de chamanisme, avec le bouddhisme du Grand Véhicule et avec le tantrisme, farci également de chamanisme, a produit quelque chose d'absolument unique où d'étranges pratiques voisinent avec des intuitions métaphysiques extrêmement profondes. Le tout accompagné d'une psychologie, dirions-nous, ou plutôt une psychagogie qui, très tôt, perçut des forces et des structures que nous commençons seulement à comprendre. Elles vinrent de l'Inde mais furent maniées en tous les sens et en allant à l'extrême. De tout cela, l'auteur ne nous parle pas, désirant rester aussi clair et aussi simple que possible. En un mot, il a voulu aider l'homme d'aujourd'hui en lui exposant le profit qu'il pourrait tirer d'une tradition multi-millénaire. Est-elle appropriée à nos structures mentales ? La réponse demeure assez ambiguë : le bouddhisme, considéré comme religion, est de nature universelle comme le christianisme ; toutefois si nous désirons pénétrer ses métaphysiques nous devons tourner le dos à nos catégories et la tâche non seulement est difficile mais elle prendra beaucoup de temps. Par contre, une certaine pratique telle que dans le bouddhisme à ses débuts et dans ses écoles ultérieures les plus tournées vers l'expérience immédiate, *s'adresse à tout homme.* C'est ce que pensait Chögyam Trungpa lorsqu'il se décida à parler de sa tradition après son arrivée en Occident. Mais les exercices eux-mêmes et la méditation sans objet surtout, offrent bien des obstacles car l'esprit d'un européen est de nos jours fort encombré... aussi ne faut-il pas se leurrer sur l'apparente facilité d'application de tout ce qui vient d'être dit !

J. M.

Table

1. La vie et l'exemple de Bouddha 11
2. Le terrain de la *bodhi* et sa fumure : l'expérience 35
3. Transmission 61
4. Générosité 73
5. Patience 97
6. La Méditation 111
7. La Sagesse 145
Postface de Jacques Masui 169

IMPRIMERIE HÉRISSEY À ÉVREUX (6-87)
D.L. 4e TRIM. 1981. N° 6035-2 (42711)

Collection Points

SÉRIE SAGESSES

dirigée par Jean-Pie Lapierre

Sa1. Paroles des anciens. Apophtegmes des Pères du désert *par Jean-Claude Guy*
Sa2. Pratique de la voie tibétaine, *par Chögyam Trungpa*
Sa3. Célébration hassidique, *par Elie Wiesel*
Sa4. La Foi d'un incroyant, *par Francis Jeanson*
Sa5. Le Bouddhisme tantrique du Tibet, *par John Blofeld*
Sa6. Le Mémorial des saints, *par Farid-ud-Din' Attar*
Sa7. Comprendre l'Islam, *par Frithjof Schuon*
Sa8. Esprit zen, Esprit neuf, *par Shunryu Suzuki*
Sa9. La Bhagavad Gîtâ, *traduction et commentaires par Anne-Marie Esnoul et Olivier Lacombe*
Sa10. Qu'est-ce que le soufisme ?, *par Martin Lings*
Sa11. La Philosophie éternelle, *par Aldous Huxley*
Sa12. Le Nuage d'inconnaissance *traduit de l'anglais par Armel Guerne*
Sa13. L'Enseignement du Bouddha, *par Walpola Rahula*
Sa14. Récits d'un pèlerin russe, *traduit par Jean Laloy*
Sa15. Le Nouveau Testament *traduit par Émile Osty et Joseph Trinquet*
Sa16. La Voie et sa vertu, *par Lao-tzeu*
Sa17. L'Imitation de Jésus-Christ *traduit par Lamennais*
Sa18. Le Mythe de la liberté, *par Chögyam Trungpa*
Sa19. Le Pèlerin russe, trois récits inédits
Sa20. Petite Philocalie de la prière du cœur *traduit et présenté par Jean Gouillard*
Sa21. Le Zohar, *extraits choisis et présentés par Gershom G. Scholem*
Sa22. Les Pères apostoliques *traduction et introduction par France Quéré*
Sa23. Vie et Enseignement de Tierno Bokar *par Amadou Hampaté Bâ*
Sa24. Entretiens de Confucius
Sa25. Sept Upanishads, *par Jean Varenne*
Sa26. Méditation et Action, *par Chögyam Trungpa*
Sa27. Œuvres de saint François d'Assise
Sa28. Règles des moines *introduction et présentation par Jean-Pie Lapierre*
Sa29. Exercices spirituels, *par saint Ignace de Loyola traduction et commentaires par Jean-Claude Guy*
Sa30. La Quête du Graal *présenté et établi par Albert Béguin et Yves Bonnefoy*

Sa31. Confessions *de saint Augustin traduction par Louis de Mondadon*
Sa32. Les Prédestinés, *par Georges Bernanos*
Sa33. Les Hommes ivres de Dieu, *par Jacques Lacarrière*
Sa34. Évangiles apocryphes, *par France Quéré*
Sa35. La Nuit obscure, *par saint Jean de la Croix traduction du P. Grégoire de Saint Joseph*
Sa36. Découverte de l'Islam, *par Roger Du Pasquier*

Collection Points

1. Histoire du surréalisme, *par Maurice Nadeau*
2. Une théorie scientifique de la culture
par Bronislaw Malinowski
3. Malraux, Camus, Sartre, Bernanos, *par Emmanuel Mounier*
4. L'Homme unidimensionnel, *par Herbert Marcuse* (épuisé)
5. Écrits I, *par Jacques Lacan*
6. Le Phénomène humain, *par Pierre Teilhard de Chardin*
7. Les Cols blancs, *par C. Wright Mills*
8. Stendhal, Flaubert, *par Jean-Pierre Richard*
9. La Nature dé-naturée, *par Jean Dorst*
10. Mythologies, *par Roland Barthes*
11. Le Nouveau Théâtre américain, *par Franck Jotterand* (épuisé)
12. Morphologie du conte, *par Vladimir Propp*
13. L'Action sociale, *par Guy Rocher*
14. L'Organisation sociale, *par Guy Rocher*
15. Le Changement social, *par Guy Rocher*
16. Les Étapes de la croissance économique, *par W. W. Rostow*
17. Essais de linguistique générale
par Roman Jakobson (épuisé)
18. La Philosophie critique de l'histoire, *par Raymond Aron*
19. Essais de sociologie, *par Marcel Mauss*
20. La Part maudite, *par Georges Bataille* (épuisé)
21. Écrits II, *par Jacques Lacan*
22. Éros et Civilisation, *par Herbert Marcuse* (épuisé)
23. Histoire du roman français depuis 1918
par Claude-Edmonde Magny
24. L'Écriture et l'Expérience des limites, *par Philippe Sollers*
25. La Charte d'Athènes, *par Le Corbusier*
26. Peau noire, Masques blancs, *par Frantz Fanon*
27. Anthropologie, *par Edward Sapir*
28. Le Phénomène bureaucratique, *par Michel Crozier*
29. Vers une civilisation du loisir ?, *par Joffre Dumazedier*
30. Pour une bibliothèque scientifique, *par François Russo* (épuisé)
31. Lecture de Brecht, *par Bernard Dort*
32. Ville et Révolution, *par Anatole Kopp*
33. Mise en scène de Phèdre, *par Jean-Louis Barrault*
34. Les Stars, *par Edgar Morin*
35. Le Degré zéro de l'écriture, *suivi de* Nouveaux Essais critiques
par Roland Barthes
36. Libérer l'avenir, *par Ivan Illich*
37. Structure et Fonction dans la société primitive
par A. R. Radcliffe-Brown
38. Les Droits de l'écrivain, *par Alexandre Soljénitsyne*
39. Le Retour du tragique, *par Jean-Marie Domenach*
41. La Concurrence capitaliste
par Jean Cartell et Pierre-Yves Cossé (épuisé)

42. Mise en scène d'Othello, *par Constantin Stanislavski*
43. Le Hasard et la Nécessité, *par Jacques Monod*
44. Le Structuralisme en linguistique, *par Oswald Ducrot*
45. Le Structuralisme : Poétique, *par Tzvetan Todorov*
46. Le Structuralisme en anthropologie, *par Dan Sperber*
47. Le Structuralisme en psychanalyse, *par Moustafa Safouan*
48. Le Structuralisme : Philosophie, *par François Wahl*
49. Le Cas Dominique, *par Françoise Dolto*
51. Trois Essais sur le comportement animal et humain *par Konrad Lorenz*
52. Le Droit à la ville, *suivi de* Espace et Politique *par Henri Lefebvre*
53. Poèmes, *par Léopold Sédar Senghor*
54. Les Élégies de Duino, *suivi de* les Sonnets à Orphée *par Rainer Maria Rilke* (édition bilingue)
55. Pour la sociologie, *par Alain Touraine*
56. Traité du caractère, *par Emmanuel Mounier*
57. L'Enfant, sa « maladie » et les autres, *par Maud Mannoni*
58. Langage et Connaissance, *par Adam Schaff*
59. Une saison au Congo, *par Aimé Césaire*
61. Psychanalyser, *par Serge Leclaire*
63. Mort de la famille, *par David Cooper*
64. A quoi sert la Bourse ?, *par Jean-Claude Leconte* (épuisé)
65. La Convivialité, *par Ivan Illich*
66. L'Idéologie structuraliste, *par Henri Lefebvre*
67. La Vérité des prix, *par Hubert Lévy-Lambert* (épuisé)
68. Pour Gramsci, *par Maria-Antonietta Macciocchi*
69. Psychanalyse et Pédiatrie, *par Françoise Dolto*
70. S/Z, *par Roland Barthes*
71. Poésie et Profondeur, *par Jean-Pierre Richard*
72. Le Sauvage et l'Ordinateur, *par Jean-Marie Domenach*
73. Introduction à la littérature fantastique *par Tzvetan Todorov*
74. Figures I, *par Gérard Genette*
75. Dix Grandes Notions de la sociologie *par Jean Cazeneuve*
76. Mary Barnes, un voyage à travers la folie *par Mary Barnes et Joseph Berke*
77. L'Homme et la Mort, *par Edgar Morin*
78. Poétique du récit, *par Roland Barthes, Wayne Booth Wolfgang Kayser et Philippe Hamon*
79. Les Libérateurs de l'amour, *par Alexandrian*
80. Le Macroscope, *par Joël de Rosnay*
81. Délivrance, *par Maurice Clavel et Philippe Sollers*
82. Système de la peinture, *par Marcelin Pleynet*
83. Pour comprendre les média, *par M. McLuhan*
84. L'Invasion pharmaceutique *par Jean-Pierre Dupuy et Serge Karsenty*
85. Huit Questions de poétique, *par Roman Jakobson*

86. Lectures du désir, *par Raymond Jean*
87. Le Traître, *par André Gorz*
88. Psychiatrie et Anti-Psychiatrie, *par David Cooper*
89. La Dimension cachée, *par Edward T. Hall*
90. Les Vivants et la Mort, *par Jean Ziegler*
91. L'Unité de l'homme, *par le Centre Royaumont*
1. Le primate et l'homme,
par E. Morin et M. Piattelli-Palmarini
92. L'Unité de l'homme, *par le Centre Royaumont*
2. Le cerveau humain, *par E. Morin et M. Piattelli-Palmarini*
93. L'Unité de l'homme, *par le Centre Royaumont*
3. Pour une anthropologie fondamentale
par E. Morin et M. Piattelli-Palmarini
94. Pensées, *par Blaise Pascal*
95. L'Exil intérieur, *par Roland Jaccard*
96. Semeiotiké, recherches pour une sémanalyse
par Julia Kristeva
97. Sur Racine, *par Roland Barthes*
98. Structures syntaxiques, *par Noam Chomsky*
99. Le Psychiatre, son « fou » et la psychanalyse
par Maud Mannoni
100. L'Écriture et la Différence, *par Jacques Derrida*
101. Le Pouvoir africain, *par Jean Ziegler*
102. Une logique de la communication
par P. Watzlawick, J. Helmick Beavin, Don D. Jackson
103. Sémantique de la poésie, *par T. Todorov, W. Empson*
J. Cohen, G. Hartman et F. Rigolot
104. De la France, *par Maria-Antonietta Macciocchi*
105. Small is beautiful, *par E. F. Schumacher*
106. Figures II, *par Gérard Genette*
107. L'Œuvre ouverte, *par Umberto Eco*
108. L'Urbanisme, *par Françoise Choay*
109. Le Paradigme perdu, *par Edgar Morin*
110. Dictionnaire encyclopédique des sciences du langage
par Oswald Ducrot et Tzvetan Todorov
111. L'Évangile au risque de la psychanalyse (tome 1)
par Françoise Dolto
112. Un enfant dans l'asile, *par Jean Sandretto*
113. Recherche de Proust, *ouvrage collectif*
114. La Question homosexuelle, *par Marc Oraison*
115. De la psychose paranoïaque dans ses rapports
avec la personnalité, *par Jacques Lacan*
116. Sade, Fourier, Loyola, *par Roland Barthes*
117. Une société sans école, *par Ivan Illich*
118. Mauvaises Pensées d'un travailleur social
par Jean Marie Geng
120. Poétique de la prose, *par Tzvetan Todorov*
121. Théorie d'ensemble, *par Tel Quel*
122. Némésis médicale, *par Ivan Illich*

123. La Méthode
1. La Nature de la Nature, *par Edgar Morin*
124. Le Désir et la Perversion, *ouvrage collectif*
125. Le langage, cet inconnu, *par Julia Kristeva*
126. On tue un enfant, *par Serge Leclaire*
127. Essais critiques, *par Roland Barthes*
128. Le Je-ne-sais-quoi et le Presque-rien
1. La manière et l'occasion, *par Vladimir Jankélévitch*
129. L'Analyse structurale du récit, Communications 8
ouvrage collectif
130. Changements, Paradoxes et Psychothérapie
par P. Watzlawick, J. Weakland et R. Fisch
131. Onze Études sur la poésie moderne
par Jean-Pierre Richard
132. L'Enfant arriéré et sa mère, *par Maud Mannoni*
133. La Prairie perdue (Le Roman américain)
par Jacques Cabau
134. Le Je-ne-sais-quoi et le Presque-rien
2. La méconnaissance, *par Vladimir Jankélévitch*
135. Le Plaisir du texte, *par Roland Barthes*
136. La Nouvelle Communication, *ouvrage collectif*
137. Le Vif du sujet, *par Edgar Morin*
138. Théories du langage, Théories de l'apprentissage
par le Centre Royaumont
139. Baudelaire, la Femme et Dieu
par Pierre Emmanuel
140. Autisme et Psychose de l'enfant, *par Frances Tustin*
141. Le Harem et les Cousins, *par Germaine Tillion*
142. Littérature et Réalité, *ouvrage collectif*
143. La Rumeur d'Orléans, *par Edgar Morin*
144. Partage des femmes, *par Eugénie Lemoine-Luccioni*
145. L'Évangile au risque de la psychanalyse (tome 2)
par Françoise Dolto
146. Rhétorique générale, *par le Groupe* μ
147. Système de la Mode, *par Roland Barthes*
148. Démasquer le réel, *par Serge Leclaire*
149. Le Juif imaginaire, *par Alain Finkielkraut*
150. Travail de Flaubert, *ouvrage collectif*
151. Journal de Californie, *par Edgar Morin*
152. Pouvoirs de l'horreur, *par Julia Kristeva*
153. Introduction à la philosophie de l'histoire de Hegel
par Jean Hyppolite
154. La Foi au risque de la psychanalyse
par Françoise Dolto et Gérard Sévérin
155. Un lieu pour vivre, *par Maud Mannoni*
156. Scandale de la vérité, *suivi de*
Nous autres Français, *par Georges Bernanos*
157. Enquête sur les idées contemporaines
par Jean-Marie Domenach

158. L'Affaire Jésus, *par Henri Guillemin*
159. Paroles d'étranger, *par Elie Wiesel*
160. Le Langage silencieux, *par Edward T. Hall*
161. La Rive gauche, *par Herbert R. Lottman*
162. La Réalité de la réalité, *par Paul Watzlawick*
163. Les Chemins de la vie, *par Joël de Rosnay*
164. Dandies, *par Roger Kempf*
165. Histoire personnelle de la France, *par François George*
166. La Puissance et la Fragilité, *par Jean Hamburger*
167. Le Traité du sablier, *par Ernst Jünger*
168. Pensée de Rousseau, *ouvrage collectif*
169. La Violence du calme, *par Viviane Forrester*
170. Pour sortir du XXe siècle, *par Edgar Morin*
171. La Communication, Hermès I
par Michel Serres
172. Sexualités occidentales, Communications 35
ouvrage collectif
173. Lettre aux Anglais, *par Georges Bernanos*
174. La Révolution du langage poétique
par Julia Kristeva
175. La Méthode
2. La Vie de la Vie, *par Edgar Morin*
176. Théories du symbole, *par Tzvetan Todorov*
177. Mémoires d'un névropathe
par Daniel Paul Schreber
178. Les Indes, *par Édouard Glissant*
179. Clefs pour l'Imaginaire ou l'Autre Scène
par Octave Mannoni
180. La Sociologie des organisations, *par Philippe Bernoux*
181. Théorie des genres, *ouvrage collectif*
182. Le Je-ne-sais-quoi et le Presque-rien
3. La volonté de vouloir, *par Vladimir Jankélévitch*
183. Le Traité du rebelle, *par Ernst Jünger*
184. Un homme en trop, *par Claude Lefort*
185. Théâtres, *par Bernard Dort*
186. Le Langage du changement, *par Paul Watzlawick*
187. Lettre ouverte à Freud, *par Lou Andréas-Salomé*
188. La Notion de littérature, *par Tzvetan Todorov*
189. Choix de poèmes, *par Jean-Claude Renard*

Collection Points

SÉRIE HISTOIRE

H1. Histoire d'une démocratie : Athènes
des origines à la conquête macédonienne, *par Claude Mossé*
H2. Histoire de la pensée européenne
1. L'éveil intellectuel de l'Europe du IXe au XIIe siècle
par Philippe Wolff
H3. Histoire des populations françaises et de leurs attitudes
devant la vie depuis le XVIIIe siècle, *par Philippe Ariès*
H4. Venise, portrait historique d'une cité
par Philippe Braunstein et Robert Delort
H5. Les Troubadours, *par Henri-Irénée Marrou*
H6. La Révolution industrielle (1780-1880), *par Jean-Pierre Rioux*
H7. Histoire de la pensée européenne
4. Le siècle des Lumières, *par Norman Hampson*
H8. Histoire de la pensée européenne
3. Des humanistes aux hommes de science, *par Robert Mandrou*
H9. Histoire du Japon et des Japonais
1. Des origines à 1945, *par Edwin O. Reischauer*
H10. Histoire du Japon et des Japonais
2. De 1945 à 1970, *par Edwin O. Reischauer*
H11. Les Causes de la Première Guerre mondiale
par Jacques Droz
H12. Introduction à l'histoire de notre temps. L'Ancien Régime
et la Révolution, *par René Rémond*
H13. Introduction à l'histoire de notre temps. Le XIXe siècle
par René Rémond
H14. Introduction à l'histoire de notre temps. Le XXe siècle
par René Rémond
H15. Photographie et Société, *par Gisèle Freund*
H16. La France de Vichy (1940-1944), *par Robert O. Paxton*
H17. Société et Civilisation russes au XIXe siècle
par Constantin de Grunwald
H18. La Tragédie de Cronstadt (1921), *par Paul Avrich*
H19. La Révolution industrielle du Moyen Age
par Jean Gimpel
H20. L'Enfant et la Vie familiale sous l'Ancien Régime
par Philippe Ariès
H21. De la connaissance historique, *par Henri-Irénée Marrou*
H22. Malraux, une vie dans le siècle, *par Jean Lacouture*
H23. Le Rapport Khrouchtchev et son histoire, *par Branko Lazitch*
H24. Le Mouvement paysan chinois (1840-1949), *par Jean Chesneaux*
H25. Les Misérables dans l'Occident médiéval
par Jean-Louis Goglin
H26. La Gauche en France depuis 1900
par Jean Touchard

H27. Histoire de l'Italie du Risorgimento à nos jours
par Sergio Romano
H28. Genèse médiévale de la France moderne, XIVe-XVe siècle
par Michel Mollat
H29. Décadence romaine ou Antiquité tardive ? IIIe-VIe siècle
par Henri-Irénée Marrou
H30. Carthage ou l'Empire de la mer, *par François Decret*
H31. Essais sur l'histoire de la mort en Occident du Moyen Age
à nos jours, *par Philippe Ariès*
H32. Le Gaullisme (1940-1969), *par Jean Touchard*
H33. Grenadou, paysan français
par Ephraïm Grenadou et Alain Prévost
H34. Piété baroque et Déchristianisation en Provence au XVIIIe siècle
par Michel Vovelle
H35. Histoire générale de l'Empire romain
1. Le Haut Empire, *par Paul Petit*
H36. Histoire générale de l'Empire romain
2. La crise de l'Empire, *par Paul Petit*
H37. Histoire générale de l'Empire romain
3. Le Bas-Empire, *par Paul Petit*
H38. Pour en finir avec le Moyen Age, *par Régine Pernoud*
H39. La Question nazie, *par Pierre Ayçoberry*
H40. Comment on écrit l'histoire
suivi de Foucault révolutionne l'histoire
par Paul Veyne
H41. Les Sans-Culottes, *par Albert Soboul*
H42. Léon Blum, *par Jean Lacouture*
H43. Les Collaborateurs (1940-1945), *par Pascal Ory*
H44. Le Fascisme italien (1919-1945)
par Pierre Milza et Serge Berstein
H45. Comprendre la Révolution russe, *par Martin Malia*
H46. Histoire de la pensée européenne
6. L'Ère des masses, *par Michael D. Biddis*
H47. Naissance de la famille moderne, *par Edward Shorter*
H48. Mythe de la procréation à l'âge baroque
par Pierre Darmon
H49. Histoire de la bourgeoisie en France
1. Des origines aux temps modernes
par Régine Pernoud
H50. Histoire de la bourgeoisie en France
2. Les temps modernes, *par Régine Pernoud*
H51. Histoire des passions françaises (1848-1945)
1. Ambition et amour, *par Theodore Zeldin*
H52. Histoire des passions françaises (1848-1945)
2. Orgueil et intelligence, *par Theodore Zeldin*
H53. Histoire des passions françaises (1848-1945)
3. Goût et corruption, *par Theodore Zeldin*
H54. Histoire des passions françaises (1848-1945)
4. Colère et politique, *par Theodore Zeldin*

H55. Histoire des passions françaises (1848-1945)
5. Anxiété et hypocrisie, *par Theodore Zeldin*
H56. Histoire de l'éducation dans l'Antiquité
1. Le monde grec, *par Henri-Irénée Marrou*
H57. Histoire de l'éducation dans l'Antiquité
2. Le monde romain, *par Henri-Irénée Marrou*
H58. La Faillite du Cartel, 1924-1926
(Leçon d'histoire pour une gauche au pouvoir)
par Jean-Noël Jeanneney
H59. Les Porteurs de valises
par Hervé Hamon et Patrick Rotman
H60. Histoire de la guerre d'Algérie (1954-1962)
par Bernard Droz et Évelyne Lever
H61. Les Occidentaux, *par Alfred Grosser*
H62. La Vie au Moyen Age, *par Robert Delort*
H63. Politique étrangère de la France (La Décadence, 1932-1939)
par Jean-Baptiste Duroselle
H64. Histoire de la guerre froide
1. De la révolution d'Octobre à la guerre de Corée, 1917-1950
par André Fontaine
H65. Histoire de la guerre froide
2. De la guerre de Corée à la crise des alliances, 1950-1963
par André Fontaine
H66. Les Incas, *par Alfred Métraux*
H67. Les Écoles historiques, *par Guy Bourdé et Hervé Martin*
H68. Le Nationalisme français, 1871-1914 *par Raoul Girardet*
H69. La Droite révolutionnaire, 1885-1914, *par Zeev Sternhell*
H70. L'Argent caché, *par Jean-Noël Jeanneney*
H71. Histoire économique de la France du XVIIIe siècle à nos jours
1. De l'Ancien Régime à la Première Guerre mondiale
par Jean-Charles Asselain
H72. Histoire économique de la France du XVIIIe siècle à nos jours
2. De 1919 à la fin des années 1970
par Jean-Charles Asselain
H73. La Vie politique sous la IIIe République
par Jean-Marie Mayeur
H74. La Grèce archaïque d'Homère à Eschyle
par Claude Mossé
H75. Histoire de la « détente » 1962-1981, *par André Fontaine*
H76. Études sur la France de 1939 à nos jours
par la revue « L'Histoire »
H77. L'Afrique au XXe siècle, *par Elikia M'Bokolo*
H78. Les Intellectuels au Moyen Age, *par Jacques Le Goff*
H79. Fernand Pelloutier, *par Jacques Julliard*
H80. L'Église des premiers temps, *par Jean Daniélou*
H81. L'Église de l'Antiquité tardive
par Henri-Irénée Marrou
H82. L'Homme devant la mort
1. Le temps des gisants, *par Philippe Ariès*

H83. L'Homme devant la mort
2. La mort ensauvagée, *par Philippe Ariès*
H84. Le Tribunal de l'impuissance, *par Pierre Darmon*
H85. Histoire générale du XXe siècle
1. Jusqu'en 1949. Déclins européens
par Bernard Droz et Anthony Rowley
H86. Histoire générale du XXe siècle
2. Jusqu'en 1949. La naissance du monde contemporain
par Bernard Droz et Anthony Rowley
H87. La Grèce ancienne, *par la revue « L'Histoire »*
H88. Les Ouvriers dans la société française
par Gérard Noiriel
H89. Les Américains de 1607 à nos jours
1. Naissance et essor des États-Unis, 1607-1945
par André Kaspi
H90. 2. Les États-Unis de 1945 à nos jours
par André Kaspi
H91. Le Sexe et l'Occident, *par Jean-Louis Flandrin*
H92. Le Propre et le Sale, *par Georges Vigarello*
H93. La Guerre française d'Indochine, *par Jacques Dalloz*
H94. L'Édit de Nantes et sa révocation, *par Janine Garrisson*
H95. Les chambres à gaz, secret d'État
par Eugen Kogon, Hermann Langbein, Adalbert Rückerl

Collection Points

SÉRIE HISTOIRE

Nouvelle histoire de la France contemporaine

H101. La Chute de la monarchie (1787-1792), *par Michel Vovelle*
H102. La République jacobine (1792-1794), *par Marc Bouloiseau*
H103. La République bourgeoise de Thermidor à Brumaire (1794-1799) *par Denis Woronoff*
H104. L'Épisode napoléonien (1799-1815). Aspects intérieurs *par Louis Bergeron*
H105. L'Épisode napoléonien (1799-1815). Aspects extérieurs *par J. Lovie et A. Palluel-Guillard*
H106. La France des notables (1815-1848). L'évolution générale *par André Jardin et André-Jean Tudesq*
H107. La France des notables (1815-1848). La vie de la nation *par André Jardin et André-Jean Tudesq*
H108. 1848 ou l'Apprentissage de la République (1848-1852) *par Maurice Agulhon*
H109. De la fête impériale au mur des fédérés (1852-1871) *par Alain Plessis*
H110. Les Débuts de la Troisième République (1871-1898) *par Jean-Marie Mayeur*
H111. La République radicale ? (1898-1914) *par Madeleine Rebérioux*
H112. La Fin d'un monde (1914-1929), *par Philippe Bernard*
H113. Le Déclin de la Troisième République (1929-1938) *par Henri Dubief*
H114. De Munich à la Libération (1938-1944) *par Jean-Pierre Azéma*
H115. La France de la Quatrième République (1944-1958) 1. L'ardeur et la nécessité (1944-1952) *par Jean-Pierre Rioux*
H116. La France de la Quatrième République (1944-1958) 2. L'expansion et l'impuissance *par Jean-Pierre Rioux*

Collection Points

SÉRIE SCIENCES

dirigée par Jean-Marc Lévy-Leblond

S1. La Recherche en biologie moléculaire, *ouvrage collectif*
S2. Des astres, de la vie et des hommes, *par Robert Jastrow*
S3. Autocritique de la science
par Alain Jaubert et Jean-Marc Lévy-Leblond
S4. Le Dossier électronucléaire
par le syndicat CFDT de l'Énergie atomique
S5. Une révolution dans les sciences de la Terre, *par A. Hallam*
S6. Jeux avec l'infini, *par Rózsa Péter*
S7. La Recherche en astrophysique, *ouvrage collectif*
S8. La Recherche en neurobiologie, *ouvrage collectif*
S9. La Science chinoise et l'Occident, *par Joseph Needham*
S10. Les Origines de la vie, *par Joël de Rosnay*
S11. Échec et Maths, *par Stella Baruk*
S12. L'Oreille et le Langage, *par Alexandre Tomatis*
S13. Les Énergies du soleil, *par Pierre Audibert*
en collaboration avec Danielle Rouard
S14. Cosmic Connection ou l'Appel des étoiles, *par Carl Sagan*
S15. Les Ingénieurs de la Renaissance, *par Bertrand Gille*
S16. La Vie de la cellule à l'homme, *par Max de Ceccatty*
S17. La Recherche en éthologie, *ouvrage collectif*
S18. Le Darwinisme aujourd'hui, *ouvrage collectif*
S19. Einstein, créateur et rebelle, *par Banesh Hoffmann*
S20. Les Trois Premières Minutes de l'univers
par Steven Weinberg
S21. Les Nombres et leurs mystères, *par André Warusfel*
S22. La Recherche sur les énergies nouvelles, *ouvrage collectif*
S23. La Nature de la physique, *par Richard Feynman*
S24. La Matière aujourd'hui, *ouvrage collectif*
S25. La Recherche sur les grandes maladies, *ouvrage collectif*
S26. L'Étrange Histoire des Quanta
par Banesh Hoffmann, Michel Paty
S27. Éloge de la différence, *par Albert Jacquard*
S28. La Lumière, *par Bernard Maitte*
S29. Penser les mathématiques, *ouvrage collectif*
S30. La Recherche sur le cancer, *ouvrage collectif*
S31. L'Énergie verte, *par Laurent Piermont*
S32. Naissance de l'Homme, *par Robert Clarke*
S33. Recherche et Technologie, *Actes du Colloque national*
S34. La Recherche en physique nucléaire, *ouvrage collectif*
S35. Marie Curie, *par Robert Reid*
S36. L'Espace et le Temps aujourd'hui, *ouvrage collectif*
S37. La Recherche en histoire des sciences, *ouvrage collectif*

S38. Petite Logique des forces, *par Paul Sandori*
S39. L'Esprit de sel, *par Jean-Marc Lévy-Leblond*
S40. Le Dossier de l'énergie
par le Groupe confédéral énergie de la CFDT
S41. Comprendre notre cerveau, *par Jacques-Michel Robert*
S42. La Radioactivité artificielle
par Monique Bordry et Pierre Radvanyi
S43. Darwin et les Grandes Énigmes de la vie
par Stephen Jay Gould
S44. Au péril de la science ?, *par Albert Jacquard*
S45. La Recherche sur la génétique et l'hérédité
ouvrage collectif
S46. Le Monde quantique, *ouvrage collectif*
S47. De Thalès à Einstein, *par Jean Rosmorduc*
S48. Le Fil du temps, *par André Leroi-Gourhan*
S49. Une histoire des mathématiques
par Amy Dahan-Dalmedico et Jeanne Peiffer
S50. Les Structures du hasard, *par Jean-Louis Boursin*
S51. Entre le cristal et la fumée, *par Henri Atlan*
S52. La Recherche en intelligence artificielle, *ouvrage collectif*

Collection Points

SÉRIE POINT-VIRGULE

V1. Manuel de savoir-vivre à l'usage des rustres et des malpolis
par Pierre Desproges
V2. Petit Fictionnaire illustré
par Alain Finkielkraut
V3. Quand j'avais cinq ans, je m'ai tué
par Howard Buten
V4. Lettres à sa fille (1877-1902)
par Calamity Jane
V5. Café Panique, *par Roland Topor*
V6. Le Jardin de ciment, *par Ian McEwan*
V7. L'Âge-déraison, *par Daniel Rondeau*
V8. Juliette a-t-elle un grand Cui ?
par Hélène Ray
V9. T'es pas mort !, *par Antonio Skarmeta*
V10. Petite Fille rouge avec un couteau
par Myrielle Marc
V11. Manuel à l'usage des enfants qui ont des parents difficiles
par Jeanne Van den Brouck
V12. Le A nouveau est arrivé
par Pierre Ziegelmeyer et Jean-Benoît Thirion
V13. Comment faire l'enfant (17 leçons pour ne pas grandir)
par Delia Ephron
V14. Zig-Zag, *par Alain Cahen*
V15. Plumards, de cheval, *par Groucho Marx*
V16. Bleu, je veux, *par Gisèle Bienne*
V17. Moi et les Autres, *par Albert Jacquard*
V18. Au vrai chic anatomique, *par Frédéric Pagès*
V19. Le Petit Pater illustré, *par Jacques Pater*
V20. Cherche souris pour garder chat, *par Hélène Ray*
V21. Un enfant dans la guerre, *par Saïd Ferdi*
V22. La Danse du coucou, *par Aidan Chambers*
V23. Mémoires d'un amant lamentable
par Groucho Marx
V24. Le Cœur sous le rouleau compresseur
par Howard Buten
V25. Le Cinéma américain des années cinquante, *par Olivier-René Veillon*
V26. Voilà un baiser, *par Anne Perry-Bouquet*
V27. Le Cycliste de San Cristobal, *par Antonio Skarmeta*
V28. Tchao l'enfance, craignos l'amour
par Delia Ephron
V29. Mémoires capitales, *par Groucho Marx*
V30. Dieu, Shakespeare et Moi, *par Woody Allen*
V31. Dictionnaire superflu à l'usage de l'élite et des bien nantis
par Pierre Desproges

V32. Je t'aime, je te tue, *par Morgan Sportès*
V33. Rock-Vinyl (Pour une discothèque du rock) *par Jean-Marie Leduc*
V34. Le Manuel du parfait petit masochiste, *par Dan Greenburg*
V35. L'Oiseau Canadèche, *par Jim Dodge*
V36. Des sous et des hommes, *par Jean-Marie Albertini*
V37. De l'univers à nous, *par Robert Clarke*
V38. Pour en finir une bonne fois pour toutes avec la culture *par Woody Allen*
V39. Le Gone du Chaâba, *par Azouz Begag*
V40. Le Cinéma américain. Les années trente, *par Olivier-René Veillon*
V41. Mistral gagnant, chansons et dessins, *par Renaud*
V42. Les Aventures d'Adrian Mole, 15 ans, *par Sue Townsend*
V43. Le Palais des claques, *par Pascal Bruckner*
V44. La Cuisine cannibale, *par Roland Topor*
V45. Le Livre d'Étoile, *par Gil Ben Aych*
V46. Les Dingues du nonsense, *par Robert Benayoun*
V47. Le Grand Cerf-volant, *par Gilles Vigneault*
V48. Comment choisir son psychanalyste, *par Oreste Saint-Drôme*
V49. Slapstick, *par Buster Keaton avec la collaboration de Charles Samuels*
V50. Chroniques de la haine ordinaire, *par Pierre Desproges*
V51. Cinq Milliards d'Hommes dans un vaisseau, *par Albert Jacquard*
V52. Rien à voir avec une autre histoire, *par Griselda Gambaro*
V53. Comment faire son alyah en vingt leçons, *par Moshé Gaash*
V54. A rebrousse-poil, *par Roland Topor et Henri Xhonneux*